和的智慧

HEDE ZHIHUI

GUANGDONG ZONGJIAO WENHUAXING

广东宗教文化行

广东省民族宗教委　南方报业传媒集团　出品

陈绿平　主编

张春生　马建钊　副主编

南方日报出版社
NANFANG DAILY PRESS

图书在版编目（CIP）数据

和的智慧：广东宗教文化行 / 陈绿平主编．—广州： 南方日报出版社，2011.12

ISBN 978-7-5491-0367-6

Ⅰ.①和…　Ⅱ.①陈…　Ⅲ.①宗教文化－概况－广东省　Ⅳ.①B929.2

中国版本图书馆CIP数据核字(2011)第281446号

和的智慧——广东宗教文化行　　陈绿平　主编

出版发行：南方日报出版社
地　　址：广州市广州大道中289号
电　　话：（020）83000502
经　　销：全国新华书店
印　　刷：广州百思得彩印有限公司
开　　本：787mm×1092mm 1/16
印　　张：19
字　　数：280千字
版　　次：2011年12月第1版
印　　次：2011年12月第1次印刷
定　　价：58.00元

投稿热线：（020）83000503 读者热线：（020）83000502
网址：http://nf.nfdaily.cn/press/

《和的智慧——广东宗教文化行》
编委会

序 言

壮哉岭南　矞矞黄黄

探讨宗教与中华文明之间的互动关系，一直是文明史上最伟大的主题之一。几千年来伴生在中华文明中的各宗教，在不同的历史时期中与中华文明大传统及中国不同地域亚文化之间相互影响、相互渗透，不但影响着中国历朝历代的制度、观念、思想，甚至极大程度地改变着人们的词汇用语、生活习惯、节日及禁忌等。各宗教传统早已是中华文明大传统中的有机组成部分。要对中华文明做一完整解读，宗教传统是必不可缺的。但由于西方帝国主义的孽因，两个世纪以来，中国文化沉喑无声。我们忙于反省与自强，忙于在世界政治经济新格局中获得新的定位。包括宗教传统在内的古老精神传统，如今成为了我们身边最熟悉的陌生人。这些宗教传统仍然在我们现在丰富的文明生态中鲜活存在着，并对我们的生活发生着作用。不仅如此，在不远的将来，日益强大的中国将更有力量改变世界的秩序，而包括宗教传统在内的中华文明也将必然地为这个新秩序贡献良多。因此，我们有多种理由尽可能透彻地了解我们自身文明的各个层面。

广东省民族宗教事务委员会与南方报业传媒集团在广州举办第16

届亚洲运动会前夕本着上述共识，决意联合向公众推出题名为“和的智慧——广东宗教文化行”的系列报道。广东有着极为丰富的宗教历史、文化资源，自古就是中外文化、宗教汇聚交流的重地。系列报道以宗教文化行的方式，走访广东省地位重要而历史悠久的宗教场所，对佛教、道教、伊斯兰教、天主教、基督教、民间信仰，从历史、文化、现实关怀等各个角度作一介绍，展现一个个智慧博爱、积极入世的宗教形象。该系列报道在《南方日报》连载，于2010年7月23日启动，11月11日收官，不但圆满达成创作初衷，还整合了学界、宗教界的力量对广东丰富多彩的宗教及民间信仰传统进行了系统的梳理，进一步取得了良好的政治效应和社会效应，向世界展示了一个传统深厚、民俗丰富的拥有厚重历史感的广东形象。本书即在报纸报道基础上，将诸方玉华精粹编排整理、结集出版，以图文并茂、知识介绍与深入解读并举的方式对广东省的宗教与民间信仰的历史、文化及现状进行集中展示，方便更多对宗教及民间信仰感兴趣的人士阅读使用。

发掘宗教优秀文化
服务文化强省建设

雷于蓝　广东省副省长

雷于蓝，2003年1月任广东省副省长。

在人类文明史上，宗教优秀文化扮演了重要角色，丰富了人类的精神世界，强化了人类的道德伦理，规约着人类的思想行为。宗教文化具有道德教化的社会功能，对于塑造当代公民的道德素质发挥着有效的作用。宗教中的慈善文化对当代公民的慈善理念产生了积极影响。

广东自古以来就是中外宗教文化汇聚、交流的重地，有着丰富的宗教历史文化资源，在长期发展过程中形成了岭南特色的宗教文化景观。很多宗教文化和宗教思想已经深深融入到广东人的生活、传统中，是人民群众精神生活的重要组成部分。广东种类繁多的民间信仰，也是广东特色传统文化的重要载体。

省委、省政府建设文化强省的部署，是我省深入贯彻落实科学发展观，在新的历史起点上更加全面、协调、可持续地推动科学发展的重大战略决策。发掘和弘扬岭南宗教优秀文化，为文化强省建设服务，值得探索与实践。弘扬宗教优秀文化，应紧紧围绕建设文化强省的目标，科学规划、有序发掘广东的宗教文化资源，打造广东特色的宗教文化品牌，促进我省文化产业发展壮大。

第一，发掘宗教文化遗产内涵。我省的宗教文化遗产，既拥有佛教南华寺、光孝寺，道教冲虚古观，伊斯兰教怀圣寺光塔，天主教石室圣心堂等全国、省级重点文物保护单位的宗教物质文化遗产，又拥有禅宗历史文化、岭南佛教音乐、岭南道教音乐等一批宗教非物质文化遗产。要通过研讨会、展览会、媒体报道、电视剧、音乐会等多种形式，深入发掘这些宗教传统文化的内涵，展示其独特的文化景观与风采。第二，擦亮禅宗优秀文化品牌。弘扬禅宗优秀传统文化，广东具有独特优势。2008年以来，我省大胆创新，先后在云浮新兴国恩寺、韶关曲江南华寺举办主题为“弘扬禅宗优秀文化，共建和谐美好社会”的“广东禅宗六祖文化节”，社会反响很好，既增进了社会对禅宗历史文化的认识，又助推了两地旅游业的发展。应在提升文化节举办质量、突显特色上下功夫，将这一宗教文化品牌擦得更亮。第三，发扬宗教文化精神。发扬宗教慈善文化精神，引导宗教界积极兴办和参与社会公益慈善事业，为社会纾难，为政府分忧；发扬宗教贵和文化精神，深入挖掘这些宗教文化中的追求和平、崇尚和谐的价值理念与思想内容，以及化解冲突、整合社会、提升人生的智慧，为构建和谐社会提供有益的思想资源；发挥宗教道德规范功能，大力宣扬宗教中所包含的追求真善美、扬善抑恶等进步伦理道德思想规范。第四，发挥宗教文化交流的作用。宗教之间的交流是文化交流的重要方式。通过加强交流，对外展示我国的宗教自由政策、宗教发展的良好状况，将我国传统的民族文化理念传播到世界各地。要充分发挥广东与港澳台的地缘、亲缘、教缘、人缘优势，加强宗教文化交流，从宗教文化上增进港澳与内地、台湾与大陆同根同祖的民族认同感。

这次省民族宗教委与南方日报联合开展“和的智慧——广东宗教文化行”大型系列报道活动，就是我省发掘宗教和谐思想文化资源、为构建和谐社会服务的新尝试。以“和的智慧”为主线，深入挖掘宗教优秀文化，既与建设和谐社会的宏伟目标相一致，又是建设和谐社会的一个有力抓手。这次大型系列报道活动，立意深远，既是对广东宗教历史文化的精彩呈现，又可向读者展示宗教文化在建设文化强省、缔造社会和谐中的价值所在，还可以借亚运契机，向世界各国的朋友充分展示广东独特的宗教文化景观，在世界升华“厚德载物”的中国印象。

以“和”的智慧推动创新实践

陈绿平　中共广东省委统战部副部长、省民族宗教委主任

陈绿平，2007年4月至2011年8月任中共广东省委统战部副部长、省民族宗教事务委员会主任、党组书记。2011年11月任中共揭阳市委书记、市人大常委会党组书记、揭阳军分区党委第一书记。

“和的智慧——广东宗教文化行”系列报道从启动策划到完成报道，历时近半年，围绕“建设和谐宗教、服务和谐社会”的主题，以南方日报这个主流媒体权威为平台，汇集南方报人、全省各级政府宗教事务部门和各大宗教团体、省内高校和研究机构专家学者的智慧和力量，大手笔报道广东宗教优秀文化。此举得到省委、省政府领导的充分肯定。

总结这一报道活动，经验值得我们进一步发扬，成果需要我们进一步巩固和扩大。

第一，以“和”的智慧，推动广东宗教工作朝着“建设和谐宗教、服务和谐社会”的目标创新实践。早在2007年，我们就提出了“建设和谐宗教、服务和谐社会”宗教工作理念和目标，为广东省争当推动科学发展、促进社会和谐的排头兵凝心聚力，形成了佛教、道教、伊斯兰教、天主教、基督教五教同光、共致和谐的良好局面。这次的大型报道，为广东宗教工作创新实践“吹”来了强大的“和风”，深得社会各方好评。

第二，以“和”的智慧，推动弘扬宗教优秀文化促进文

化强省建设的创新实践。弘扬宗教优秀文化，是我省文化强省建设的题中应有之义。省民族宗教委与南方日报联合开展“和的智慧——广东宗教文化行”大型系列报道活动，恰逢其时。此举既是发挥宗教积极作用促进和谐社会建设的内在要求，也是我们深入发掘宗教优秀文化服务文化强省建设的新尝试。

第三，以“和”的智慧，推动广东宗教服务对外开放工作的创新实践。宗教文化是拓展国际友好交往的重要纽带。广东宗教文化源远流长，五大宗教齐全，在全国占有重要地位。除中国本土的道教由北往南传入广东外，佛教、伊斯兰教、天主教、基督教皆由海路最早经广东传入中国，见证了“海上丝绸之路”要埠的开放包容。在新的历史时期，尤其是在广州亚运召开前夕，开展广东宗教文化行系列报道，宣传我省各大宗教的丰富文化精神，展示广东宗教界的新形象，也是增进亚洲乃至世界各国朋友对我国和我省贯彻宗教信仰自由政策的认识和理解，为广东进一步加强宗教对外友好交往作了很好的铺垫。

和的智慧

HEDE ZHIHUI

GUANGDONG ZONGJIAO WENHUAXING

广东宗教文化行

目录

序言

总论

佛 教

目录

和

道 教

伊斯兰教

起而径行——记者手记

坐而讨本——学者论道

天主教

基督教

民间信仰

后　记

总论

ZONGLUN

中国自古拥有多种共存互动的宗教文化传统，是一个文化生态极为丰富的国度。宗教文化在人类存在的几千年文明史中扮演了不可或缺的重要角色，丰富了人类的精神世界、强化了人类的道德伦理、规约着人类的思想行为。宗教文化对人类的心灵具有着强大的摄受能力。

编者按

和的智慧

HEDE ZHIHUI

中国自古拥有多种共存互动的宗教文化传统，是一个文化生态极为丰富的国度。宗教文化在人类存在的几千年文明史中扮演了不可或缺的重要角色，丰富了人类的精神世界、强化了人类的道德伦理、规约着人类的思想行为。宗教文化对人类的心灵具有着强大的摄受能力。

在新中国成立之后，我们国家面对“社会主义与宗教”这样一道政治难题，从理解认识到工作处理上走过一段不平常的探索之路。社会主义国家执政党以马克思主义为思想指导，主张无神论，但同时宗教政策又推行信仰自由——这两者关系的统一协调是苏联乃至东欧社会主义国家都没能成功处理的难题。改革开放以后，中国共产党拓展思路，在探索中国特色社会主义道路的过程中，逐步学会用科学、客观、理性的态度看待宗教问题，提出了一系列重要的观点和政策，形成了中国特色社会主义宗教理论，开拓了马克思主义宗教观的新境界。

党十六届四中全会第一次鲜明提出并阐述“构建社会主义和谐社会”这一科学命题。2005年胡锦涛总书记进一步全面深刻地阐述了构建社会主义和谐社会的时代背景、重大意义、科学内涵、基本特征、重要原则和主要任务。2006年《中共中央关于构建社会主义和谐社会若干重大问题的决定》特别提出：要“发挥宗教在促进社会和谐方面的积极作用”。广东省委省政府按照中央的指示，迅速作出反应，认真研究如何将此项理念落到实处。2007年陈绿平同志担任广东省民族宗教事务委员会主任，明确提出“建设和谐宗教，服务和谐社会”的宗教工作理念，充分挖掘宗教之“和的智慧”，将“构建社会主义和谐社会”的积极思想全面地引入并落实到广东省的宗教工作中来，大力引导宗教与社会主义相适应，引导宗教服务社会，四年时间，颇见成效。

本章，我们在宗教文化之旅正式启程前，先对广东省各宗教场所的分布进行整体介绍，进而借助专家的研究，对宗教现象与信仰问题进行深层的反思。之后的六个章节，我们分别对佛教、道教、伊斯兰教、天主教、基督教、民间信仰予以介绍，先以记者的旅行手记为载体，配以图片，向读者展现一生动可感的信仰传统；继之以相关领域专家的研究小文，将话题引向深入；我们还为意犹未尽的读者准备了最基本的扩展阅读书目。

用和的智慧建和谐文化家园

——写在“广东宗教文化行”大型报道开启之际

在一个标榜全球化的时代，认同危机却覆盖到每一个角落，文明、宗教的冲突与对话成为热点。

回眸，回溯！重寻我们的文化基因，汲取中外的文化智慧，塑造我们的文化认同，建设和谐的精神家园，正在成为中国的重大课题，也是改革开放排头兵、“第一经济大省”广东的历史选择。

刚刚闭幕的中共广东省委十届七次全会，吹响了“建设文化强省”的时代号角。我们必须深入挖掘整理优秀历史文化资源，以更广阔深邃的历史眼光来阐释岭南文化。

宗教文化本身是文化的重要组成部分。岭南宗教文化源远流长，底蕴深厚。广东作为“海上丝绸之路”的交通枢纽，中外宗教文化交流十分频繁，佛教、伊斯兰教、天主教、基督教都率先从广东传入我国。特别是广东先贤六祖惠能创立“顿悟禅门”，最终实现了佛教中国化，使禅宗历史文化成为岭南精神家园中一笔丰厚的遗产。

“和的智慧——广东宗教文化行”大型报道今天终于启动了。我们将以岭南著名的寺观教堂为载体，带读者走进丰富多彩的宗教文化世界：

——道风禅雨，弘法人间。我们将走进达摩祖师“西来初地”华林寺，揭秘佛骨舍利的千年传奇；走进广州光孝寺、韶关南华寺、新兴国恩寺，追寻六祖惠能的生寂足迹；走进罗浮山，聆听葛洪、黄大仙的修炼智慧。

——中外交汇，风起南粤。我们将走进怀圣寺，讲述中国第一间清真寺的悠久历史；走进肇庆仙花寺遗址，找寻400多年前利玛窦在广东迈出的中西交流第一步；走进广州长堤遗址，远眺第一位入华的基督新教传教士马礼逊创办《察世俗每月统纪传》、开启中国近代新闻史的背影。

——岭南神祇，根深叶茂。我们还将搜寻冼太夫人、龙母、三山国王等岭南民间信仰的不老传说，解密地道广东人的文化基因……

这些本土或外来的宗教和民间信仰，经历了无数的激荡与磨合，成为岭南思想传统的组成部分，成为岭南文化传统的特色与骄傲。我们此行，将拂去历史的尘封，还原、激活它们的流光溢彩。

目前，人类社会面临一系列全球性问题。宗教可以在抚慰人心、扶贫救灾、保护环境、维护民族团结与祖国统一等等领域发挥着积极作用。发挥宗教的积极因素，建设和谐宗教，是马克思主义宗教观中国化的新探索，也是当前建设和谐社会的题中应有之义。

广州亚运召开在即，我们相信，“和的智慧———广东宗教文化行”大型报道，将向各国朋友充分展示广东独特的人文宗教风貌，将向世界传达一个丰满、多彩、厚重、崇文的广东新印象。

五大宗教在广东

广东的宗教文化源远流长，五大宗教齐全，在全国占有重要地位。除中国本土的道教由北往南传入广东外，佛教、伊斯兰教、天主教、基督教皆由海路最早经广东传入中国，见证了“海上丝绸之路”要埠的开放包容。

• **佛教**——惠能创立南派禅宗

禅宗始祖达摩就从广州码头上岸，建草庵传法。

唐代为岭南佛教的鼎盛时期，其突出的代表是惠能南派禅宗。惠能是新州（今云浮新兴）人，北上向禅宗五祖弘忍求学佛法。南派禅宗的创立，是中国佛教史上的一次重大改革。

岭南著名寺院有广州的光孝寺、华林寺、六榕寺、海幢寺、大佛寺，韶关的南华寺、别传寺、云门寺，肇庆的庆云寺，惠州的华首台，潮州的开元寺等。

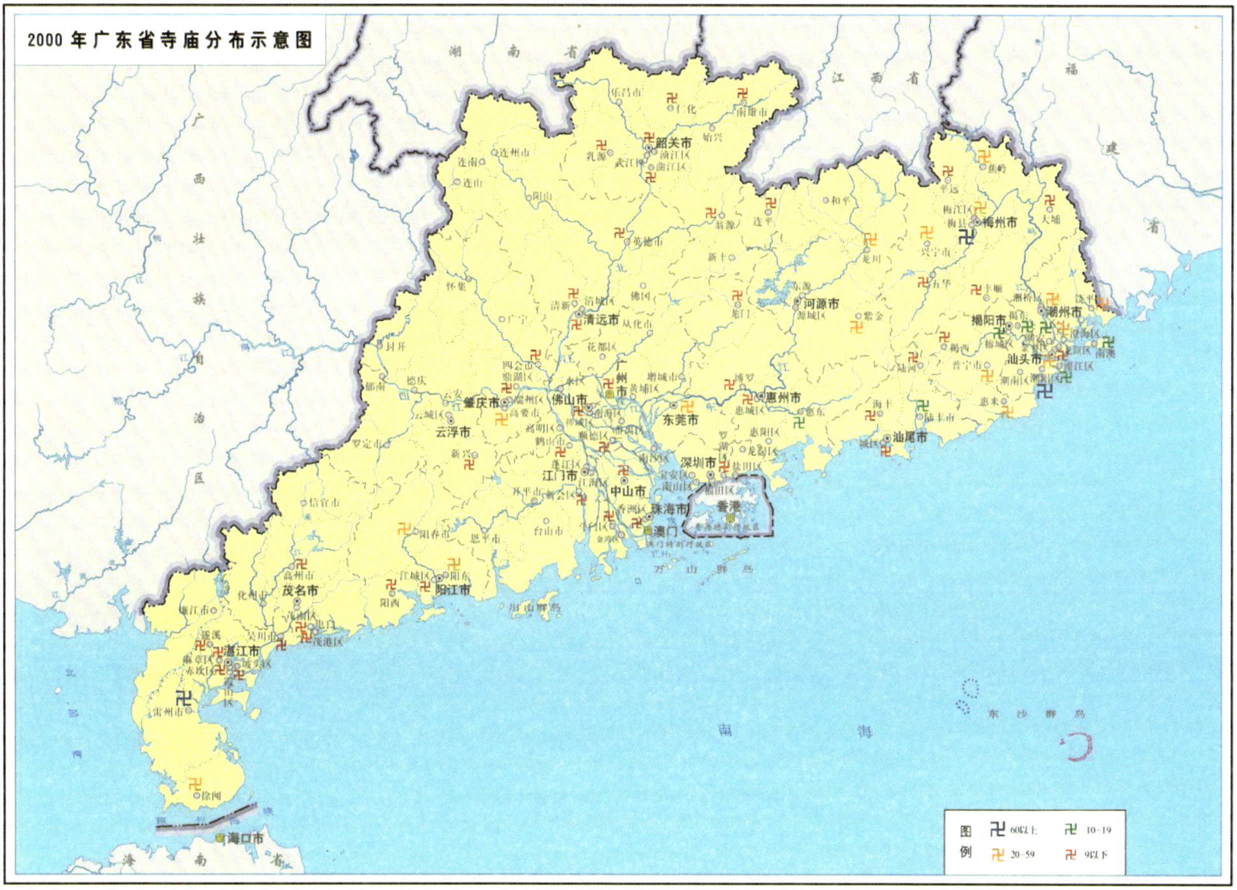
2000年广东省寺庙分布示意图
湖南省
江西省
福建省
广西壮族自治区
海南省
韶关市
清远市
广州市
佛山市
肇庆市
云浮市
东莞市
惠州市
深圳市
河源市
梅州市
潮州市
揭阳市
汕头市
汕尾市
江门市
中山市
珠海市
澳门
香港
阳江市
茂名市
湛江市
海口市
万山群岛
南海
东沙群岛
图例
60以上
10-19
20-59
9以下

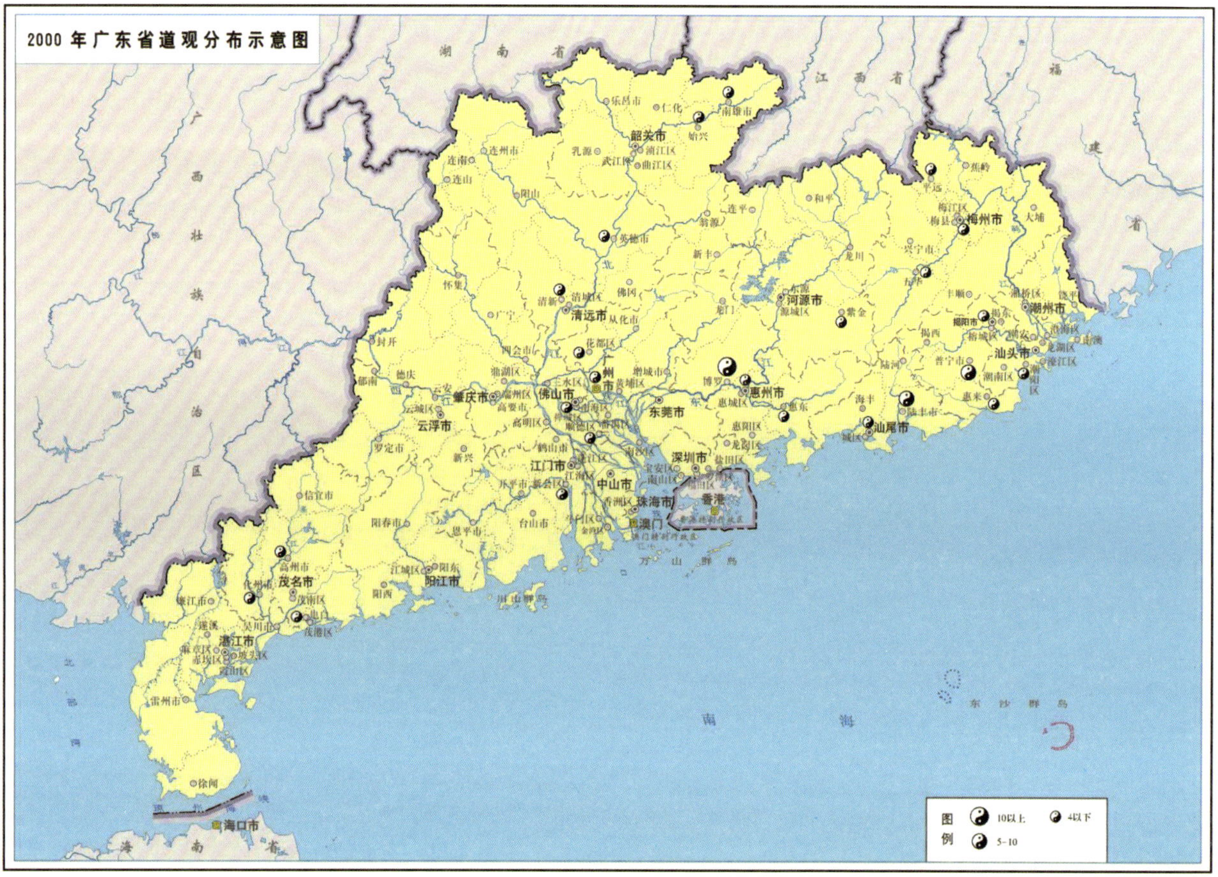

•道教——葛洪入罗浮山炼丹

据史书记载，秦朝有郑安期来粤，以金丹法授朱灵芝。

岭南地区早期的道教著名人物主要有东晋的郑隐、鲍靓和葛洪。葛洪是魏晋以来道教杰出代表和集大成的理论家。他师事术士郑隐和南海郡太守鲍靓，后留居广州，入罗浮山炼丹，终其一生。葛洪的弟子黄野人，后世称为“黄大仙”，至今在港澳等地影响很大。岭南道教重地，以罗浮山冲虚观、广州三元宫最为著名。

•伊斯兰教——中国第一间清真寺在广州

唐初，伊斯兰教已由波斯、大食商人传入广州。最有名的是唐初来华传教的阿布·宛葛士，相传他为穆罕默德的近臣，广州怀圣寺就是他创建的。

广州怀圣寺(俗称光塔寺)始建于唐贞观年间，是伊斯兰教自海外传入中国时兴建的第一间清真寺，现今为广州伊斯兰教徒的宗教活动场所。

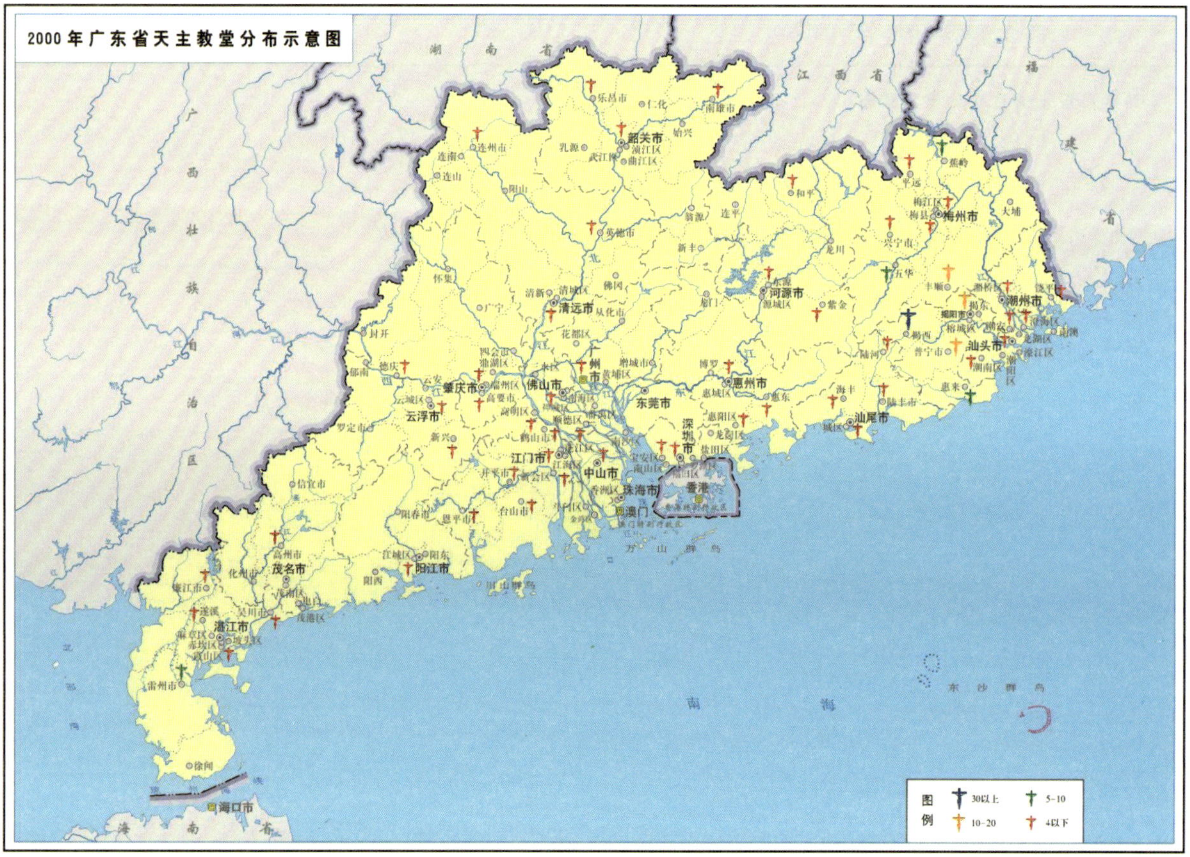

•天主教——利玛窦在粤开启“西学东渐”

天主教传教士进入岭南，始于明万历年间。耶稣会士罗明坚到达澳门，获准在肇庆住了四五个月，成为第一个进入内陆的天主教传教士。万历十一年(1583年)，罗明坚偕同另一个耶稣会士利玛窦来到肇庆，在西江岸边建起第一座天主教堂仙花寺。利玛窦后来北上京城，推动中西文化交流，成为“西学东渐第一人”。始建于1863年的东南亚唯一一座石结构“哥特式”教堂——广州的石室圣心堂，被称为“远东的巴黎圣母院”，享誉海内外。

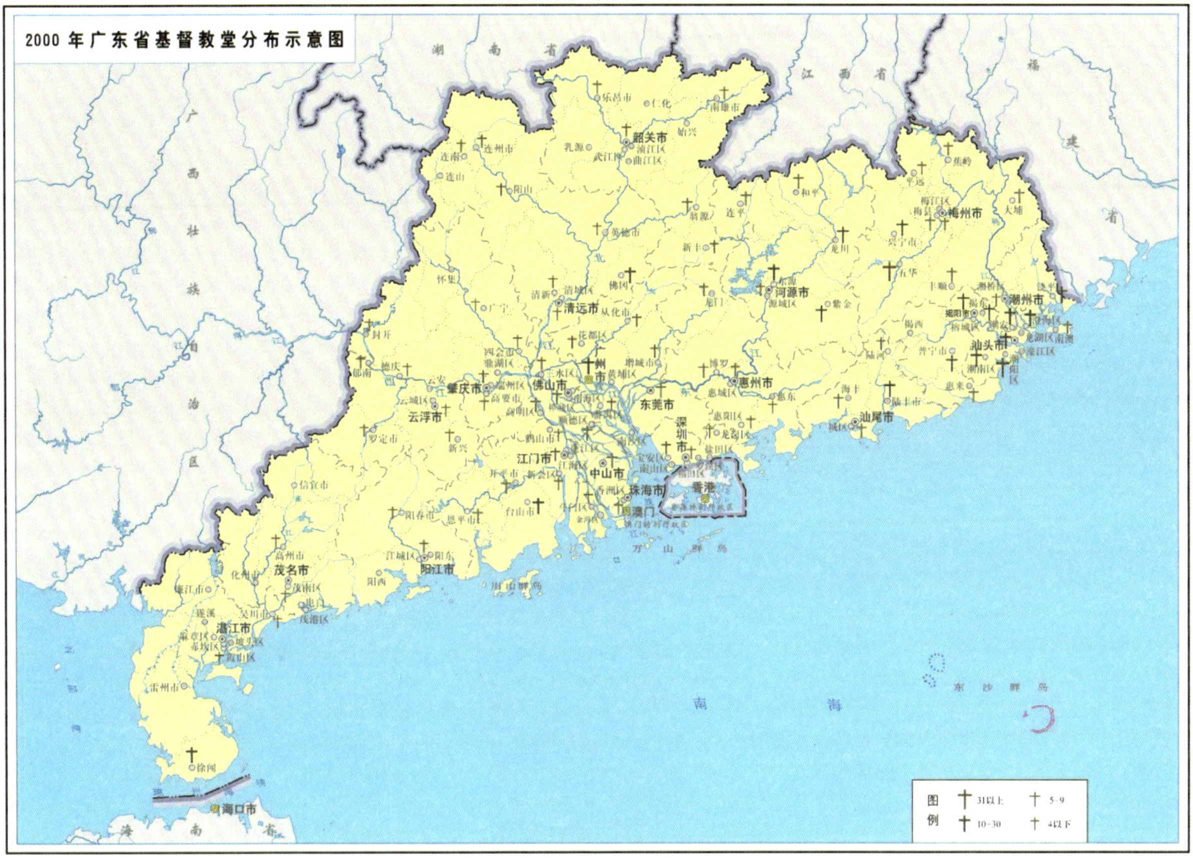

2000年广东省基督教堂分布示意图

•基督教——《劝世良言》对洪秀全影响很大

清嘉庆十二年(1807年)，英国伦敦传道会的马礼逊来到广州暗中传教，为第一个进入中国传教的基督教传教士。他在华25年屡有首创：在中国境内首次把《圣经》译为中文出版，编纂第一部《华英字典》；创办《察世俗每月统纪传》，为中国近代第一份中文月刊；开办“英华书院”，开传教士创办教会学校之先河。广东高明人梁发后来接受马礼逊助手米怜的洗礼，成为第一个中国基督教宣教师，其撰写的《劝世良言》对洪秀全影响很大。

坐而討本

ZUOER TAOBEN

学者论道

简论宗教在现代社会的功能

冯达文　中山大学哲学系教授

一

宗教的古老起源，无疑与人的认知有关。如中国殷商西周时期，以为宇宙间有一至高无上的帝（或天）主制一切，人凡遇农耕、牧猎、祭祀、兵戎，必先征问上（天）帝，即表明了这一点。

但科学认知在后来的长足发展，并未导致宗教的消亡。直至现代，各种宗教不仅仍然拥有许多信众，乃至在科学家、工程师的队伍中，亦不乏虔诚的信徒。

我认为，问题可以归结为两个方面：

首先是与认知的特点，包括它的长处与弱点密切相关。这一点又可分为两种情况（或类型）。

就古代的认知方式而言，如中国在农业产生为基础发展起来的知识系统，由以农作物的生成长养为中心及生成长养对天地、四时的依赖为观察的切入点，而形成以阴阳消长、四时替轮、五行生克为基本义理框架的宇宙观，那是很自然的事。依这套义理框架的见解：宇宙是由阴阳、四时、五行变化推动的生生不息的大系统，万物与人类不过是宇宙无限生化过程中的暂时留驻；万物与人类既从宇宙无限生化中分得自己，并且又将回归宇宙大化中去，然则每一个人、物与全体宇宙之间，宇宙中每一个人、物相互之间，必然是相互连通，互相融合的；由是，以阴阳消长、四时替轮、五行生克的观念解释每一人、物及其活动，亦是正当之事。至少，我们至今无法否认从这一义理系统发展起来的中医学的有效性。然而，人既是宇宙无限生化过程中的暂短驻足，人以弱小、有限的身心面对整全、有序而无限的宇宙，便不可能不有所敬畏，由敬畏而神视之，祈祷之，那亦是极可理解之事。古代的这种认知系统的形成、科学的发展，不仅无法摆脱神学，而且正如许多人类学家早已指出过的，古代的科学与巫术，实际上是混一不分的。就近代的认知方式而言，它摈弃了古人认知的整全性、一统性追求，而只割切事物的某一特定层面、某一特定阶段，在设定别的层面与它无关，把它作静止不变的处理之后，而给出的一种被看作是极其精确的，乃至可以量化的识认。借这种认知方式，近代科学确实获得了巨大的发展并在重构自然物事方面取得了巨大的成果。然而，自然世界果真可以被这样切割开来？某一自然物事的某一层面、某一发展阶段果真可以与别的层面、别的发展阶段割断联系？实际上，由“切割”提供的认识，是人为地构造的，难以有本真性，更加不具整全性。关于这一点，睿智的古人早已作过反省。既然近代时兴的这种科学并不能够揭示宇宙的全体与本真，这全体与本真就仍然可以留给信仰。这就不难理解，科学家为什么亦会是神学家。

认知的发展、科学的进步，不一定导致宗教的消亡，于此可见。

二

宗教信仰的维持，有认知上的原因，已如上述。然而，其实这并不是最重要的原因。最重要的原因，还是人有认知以外的追求，有人之为人的价值追求。认知的发展固可以为人类提供支配自然世界的更好手段，但许多人在价值追求上并不一定以支配自然世界为唯一的；认知的发展往往与功利的计算与争夺相联系，而许多人在价值信念上却更认同友爱与善良；等等。我们不难看到价值追求与认知发展，常常是不均衡的，乃至是相冲突的。

世界上一些大的影响久远的宗教，往往就是在对人之为人的价值追求、价值反省的基础上，赢得信众的。这种价值反省包括每个个人的生存意义与社会作为人类生存的共同体其正义性等两大方面的问题。

就人之为人的生存意义的反省而言，基督教的“原罪”（罪性）观，佛教的“苦谛”观，都属于这种反省。基督教的“救赎”说，佛教的“无我”说，则在反省的基础上为提升信众的道德境界指明了方向。中国道教稍有区别，它以阴阳、四时、五行论天地宇宙人物，带有古典知识论的色彩，但在其以老子为教祖，以《老子》五千言为教典时，其“去智”、“去欲”、“不争”的观念，其性命双修的主张，亦关切人的德行问题。可以说，这些大的宗教，正是针对技术的发展、物质的增长引发的欲望的膨胀、精神的沉沦，借高举“无我”、“去欲”的旗帜，而成就自己的。

就社会作为人类生存的共同体其正义性而言，技术的发展、物质的增长，在古代社会里，又往往只给少数人来带好处，甚至为少数人对多数人的统治提供更苛刻的手段。为什么会发生这种情况呢？这正当吗？这类问题就是社会人群组织的正义性问题。基督宗教从反抗罗马帝国的残暴统治中得以广泛传播，道教则从反抗汉末豪强的掠夺而得以席卷中土。从道教五斗米道“设义米”、“置义舍”以方便行人的举措中，我们不难看到他们的带有平均主义色彩的正义主张。

要知道，在古代社会，实际上很难找到一种非宗教性的、相对稳定的社会力量作为稳定的社会群体经常扮演起这种支撑者的角色。即便后来有的宗教在成为国教之后也蜕变为统治者的工具。但那是教团或教会中的个人问题，其教理影响于社会，给信众以激励的，仍然是它的道德训示，它的正义诉求。

三

了解宗教的远古起源及其在历史变迁中所显示的功能，就可以谈论它在现代社会中的意义了。

需要确认的是，现代社会无疑是更加理性化的社会。

社会的“更加理性化”，一方面意味着，社会上的公共问题，包括不同阶层、不同集团之间的利益冲突，大多已不再依从于一宗一教的独特信仰，而是运用公共理性，予以恰当的解决。尽管这种解决，不一定能够满足不同信仰的“正义”观，但是毕竟，“社会正义”的担当者、“替天行道”的角色扮演，不再适合于宗教。在这点上，宗教信仰者必须接受“理性的洗礼”，他才可以立足于现代社会，这一点非常重要。当然，这并不意味着宗教不再需要关切社会。如果把政府的功能定位在运用自己的权力维持公共运作系统依理性方式给出的合法性的这点上，那么，在政府与个人之间，仍然存在着政府无法顾及、无能为力或公共理性无法处理的“社会空间”。在这个“社会空间”里，宗教无疑在协调与舒缓政府与个人、个人与个人之间的矛盾与冲突中，仍可发挥其功能。特别是，宗教原来就导源于弱势群体，因而宗教社团在关爱弱者方面，尤有意义。许多国家的基督教组织建立有慈养基金，设置有医院、学校，所体现的正是这种努力。港、台的佛教、道教团体，借鉴基督宗教的经验，也都设立有相应的机构。佛家适应现代社会的变迁而提出的建立“人间净土”的努力，就产生过积极的影响。内地宗教亦只有把大悲心落实到关爱社会大众特别是弱势者的层面上，才能发挥自己的社会影响力。

社会的“更加理性化”，在另一方面又意味着，人们比以往任何时候更加注重物质利益、物欲享受。像我们看到的，现在人们拥有的物质财富无疑比以往任何时候丰盈得多，而人们的不满足感、失落感却又比以往任何时候显得更强烈。面对这种情况，包括宗教在内的传统思想，在清除心灵污染、提升个人内在的精神境界、道德情操等方面，将更有用武之地。

基督教与近代中西文化交流

——基于岭南地区的观察

吴义雄　中山大学历史系教授

基督教在历史上先后数次东传中国。其中唐代和元代的两次，均经陆路传入，但最终都因政治原因而归于失败。第三次始于明末，传教士随着“大航海时代”西方冒险家的足迹，从南海之滨登陆。1552年，天主教耶稣会士方济各·沙勿略来到广东沿海的上川岛，试图由此进入中国大陆。虽然他不久染疾辞世，但他在上川岛的短暂活动，却开启了基督教与中国关系的新纪元。在他之后，罗明坚、利玛窦等传教士络绎不绝而至，由广东而至北方诸省，写下了明末清初天主教在中国一页成功的历史。尽管在康熙末年发生的“礼仪之争”导致天主教在华事业遭遇重大挫折，但传教士们以澳门为依托，苦撑待变，直至五口通商后清廷解除教禁。从1552年开始算起，基督教在华传播已经绵延赓续达460年之久。

在19世纪初，与罗马教廷毫无关系的基督教新教传教士来华，实际上几乎可说是基督教的第四次东传。1807年9月英国传教士马礼逊潜入广州商馆，是新教在华事业的开端。马礼逊在广州孤独地活动了二十余年，由于清廷禁止西人宣教，派遣他的英国伦敦会，只得将后续的传教士派遣到马六甲建立基地，等待进入中国大陆的机会。1830年之后，裨治文等美国传教士相继来到广州，利用清政府的迟钝从事原本被禁止的活动。在鸦片战争前，因马礼逊等人的宣教活动而受洗入教的中国人屈指可数。但这段时期他们在广州所进行的各种工作，为五口通商后基督教新教在中国的全面扩张进行了充分准备，在中国基督教史上具有决定性的意义。

由此看来，无论是天主教还是基督教新教，踏上华南大地都是在中国传播的关键性一步，故基督教史家都将传教史的这个片段当作至关重要的序章。不过，对中国历史变迁影响更为深入的，则是因传教士来华而展开的中西文化交流。传教士来华的主要目标是让“基督教占领中国”，但他们为了实现这一目标而进行的文化活动，却在相当大的程度上促成了东西方世界的相互了解和相互认知。

现在一般学术著作喜欢用“西学东渐”四个字，来概括自16世纪后期开始的在西方和中国之间发生的知识和思想流动。其中的“渐”字蕴涵“徐徐流入”的意味，恰是400多年间西学逐渐浸润东土过程的写照。这个过程的启动，要归功于明末清初梯航而来的天主教传教士。这个时期中西文化交流主要在北京和江南进行，但追寻其缘起，却需将眼光投向南粤滨海地带。利玛窦在肇庆传教时，就绘制了最早的中文地图，并制造了一些天文学仪器。澳门作为东西方交流的枢纽，更是西方文化输入的一个重要孔道。而在广东各地先后建立起来的众多教堂，则是西方建筑艺术在中国的最早展示。

在中西文化交流史上，1900年之前的300多年间，传教士都扮演了主角。明末清初是天主教传教士独领风骚的时代，但到19世纪后，站在这一历史舞台中央的则是基督教新教传教士。

在19世纪前期半期，中西交流主要在以广州为中心的华南地区进行。与利玛窦和其他天主教传教士在北京宫廷走上层路线不同，马礼逊等新教传教士迫于时局，只能匿伏于广州洋行商馆，与有限的下层人群沟通。不过，他们在文化交流方面取得的成就，却丝毫不比一两百年前的前驱们逊色。马礼逊将《圣经》完整地翻译成中文；又以一人之力，编纂了煌煌6巨册的《华英辞典》。这两项业绩，都为沟通中西文明奠定了必不可少的基础。他另外还有其他数十种著作。裨治文、郭士立、米怜等传教士在鸦片战争前后也先后写作并刊行了大量介绍西学的作品，数量可谓宏富。这些作品，使得鸦片战争后中国人的“开眼看世界”获得依托和借鉴的对象。19世纪后期，中西交流的中心转移到上海。在这一时期，基督教传教事业因列强迫使清政签订的不平等条约而得到前所未有的庇护，来华传教士的数量急剧增长。由中国统治者发动的自强运动，也为西学的大量输入营造了有利的政治和社会环境。故这一时期“西学东渐”之范围与深度，已远非以往的时代可比。但在这个时期为中西文化交流做出过贡献的传教士，在追溯他们工作的起源时，每每会向启导他们的前辈们致敬。

“西学东渐”的内容不限于西方科学知识的介绍。19世纪的基督教传教士还通过他们的努力，将西方知识和社会发展的形式和制度引进到中国。1815年，历史上最早的中文期刊《察世俗每月统记传》问世，30年代在广州又有《东西洋考每月统记传》的发行。现在学术界甚为重视的《中国丛报》等英文报刊，也是在广州创刊的。这些都标志着近代传播媒介在中国的诞生。1834年，广州的外侨成立了以传教士为核心的“在华实用知识传播会”。这是在中国出现的最早的近代学术社团。次年，美国传教士伯驾在广州开设眼科医局，这是建立在华西医体制的早期尝试。同一年，为了纪念去世不久的马礼逊，广州外侨成立了“马礼逊教育会”。这个机构在1839年开办了一个马礼逊学校。这通常也被看作近代中国西式教育的起始。这些事业当初都是在广州十三行夷馆或澳门居所狭小局促之地进行的，但后来却导致了蔚然壮观的知识和文化变革，与传教士的著作一起，永远改变了中国人的知识与思想体系，成为重新塑造近代中国社会的要素。

中西文化交流的内容也不限于“西学东渐”。自明末到晚清，传教士也充当了中国文化西传的媒介。他们在中国典籍的翻译、中国文化的研究、中国风物的介绍、中国事务的报道等方面取得的成就，使他们的作品成为西方世界观察中国不可缺少的窗口和渠道。其中的很多工作，也是与他们在华南地区的传教生活密切联系在一起的。

进入20世纪后，中西文化交流的格局发生巨大变化。知识和思想的发展很快超越传教士铺垫的轨道。在今天，基督教传教士当年殚精竭虑写出的著作，大多已成仅有学者翻检的故纸。而他们全力从事的诸般事业，除了伯驾的眼科医局历经变迁奇迹般地延续至今外，其他均已消失在历史的深处，有些甚至连供后人凭吊的遗迹都未有留存。然而，300余年间一代又一代基督教传教士在文化交流方面进行的努力，已经无形地融化在东西方的历史中，成为无法忘却的文化记忆。

民间信仰与岭南文化

陈春声　中山大学历史系教授

民间信仰是岭南文化与生俱来的重要组成部分。早在两千多年前，生活在这片土地上的先民大多还不知汉字为何物的时候，太史公司马迁已经在其不朽的《史记》中留下了“越人俗信鬼，而其祠皆见鬼，数有效”的记载。这是当时南方“越人”留给北方读书人最深刻的印象，居处于岭南的先民自然包含在其中。

根据历史记载，一直到唐宋时期，岭南乡村社会基本上是以庙宇、庵寺和道观为中心的，民间社会的管治，基本上是由各种各样的宗教组织和宗教职业者来进行的。当时乡下人读书的机会很少，国家的力量和儒学的道理并未深入乡村，乡村的公共事务，包括安全、卫生、赈济、水利、慈善、丧葬等等事情，基本上都是由庙宇和其他宗教组织来完成的。

唐宋时期岭南的历史，也可被视为朝廷在地方社会扩张自己力量的过程，其重要的手段之一，就是把当时岭南地方土著信奉的神明册封为朝廷的祀典神，例如敕封西江流域水上居民普遍信仰的“龙母”和在粤东地区被乡民广泛奉祀的“三山国王”；还有另一个做法，就是把中原地区信仰的祀典神在岭南推广，如对已成为神明的韩文公的推崇和对“双忠公”信仰的引进。这是一个过程的两个方面，王朝利用这个过程推广国家的意识形态，从而也达致“教化”和“德化”的目的。

明代实行的是与前朝截然不同的宗教政策。朱元璋一开国就主张禁止这类不合礼制的“淫祀”习俗，在乡村普遍建立了里甲制。里甲制不但是户籍登记和赋役管理的制度，同时也是一套祭祀的制度。在里甲制之下，每个里建有社坛和厉坛，《大明会典》规定：“庶人祭里社、乡厉及祖父母，并得祀灶。余俱禁止。”民间那些没有被朝廷认可的庙宇叫“淫祠”，按官府的规定是要毁掉的，而且也有一些官员在岭南雷厉风行地实行这种“毁淫祠”的措施。结果，整个岭南乡村一直面对着这样一个问题，即地方上的老百姓和乡绅要捍卫他们的信仰和庙宇，而地方官员不时就有毁掉“淫祠”的合法冲动。这个过程延续到清代，持续了几百年。在这个过程中，很多地方上的庙宇被毁掉了，但后来大多数庙宇又被重建，百姓的信仰又得以恢复。

近代以后，提倡“现代性”的民国政府，对岭南地区的民间信仰也采取过比较严厉的禁止的措施，当时广州市政府甚至有过七月初七不准女孩子们做“七巧”、中秋节不让老百姓“拜月”的规定。结果，这种矫枉过正的举措，置政府于更加尴尬和难堪的境地。与历代王朝多少都为民间信仰留下一些合法性空间的做法不同，这类信仰行为在民国新政权的意识形态中毫无合法性可言，地方政府在意识形态上泾渭分明的不妥协态度，不但导致自己处于民众的对立面，而且使自己为社会平衡而不得不采取的妥协行为，失去了合法性理据。

其实，在岭南乡村生活过的人都知道，时至今日，民间的信仰和祭祀习俗，乃是普通百姓日常生活的一部分。民间信仰不但反映地方与国家、村落与村落、乡村内部乡民与乡民的关系，而且，蕴含于信仰和仪式行为（包括周期性节日活动）背后的，还有普通百姓关于宇宙、时间、生命和超自然力量等问题的观念，潜伏于普通百姓日常信仰行为之下的，是他们有关“世界观”的看法。这样的看法通过信仰和仪式得以传承，生生不息，不管他们生活于其中的社会是否为文字社会。

说的更明白一些，民间信仰和我们称之为“传统”的其它许多事物一样，都可被视为文化创造的产物。但与科举、职官、学校、法律、官方礼仪一类也可被称为“文化创造物”的制度不同，民间信仰一类“传统”的传承，更重要的是植根于普通百姓一代一代在日常生活经历中的“言传身教”。在有几千年使用文字的传统，并有士大夫的思想意识全面渗入乡村的中国社会中，乡民的祭祀活动和仪式行为无疑深受读书人的影响。但在实际的历史过程中，朝廷、地方官员和士绅在民间信仰问题上的态度因时因地而异，常常相互矛盾，有关举措的结局也迥然不同。民间信仰的习俗得以传承不替，其更本质的根源来自普通百姓的日常生活，来自相对“非制度化”的家庭与社区内部的“耳闻目染”，它基本上不是依赖于“制度化”的培养读书人的教育机制，也难以为少数人(不管是信仰的反对者还是自称继承宗教“道统”的人)所垄断。

也正因为这样，我们才能理解几千年来在经历朝廷和地方官府的屡屡打压，以及多次的王朝更替之后，岭南的民间信仰活动仍然得以延续的理由；也能理解在近代以来多次社会革命的风暴之后，乡村的庙宇和仪式又得以恢复的原因。更重要的是，民间信仰的传承不易为少数人所垄断，一方面使之具有复杂多样的表现形式和文化意义，另一方面，作为一种表达方式，民间的信仰和仪式常常相当稳定地保存着在其演变过程中所积淀的社会文化内容，更深刻地反映乡民的精神生活和乡村社会的内在秩序。

对于在都市中接受现代教育而成长的新一代来说，富有同情心地关注民间信仰，不仅可能有助于弥补自己的知识缺陷，增长见闻，开阔视野，为自己的日常生活添加一些有启发性的素材、灵感或有趣的饭后谈资，更重要的是，多了解这些以现代科学眼光看来有点愚昧、落后的信仰和仪式行为，有助于我们理解自己脚下的这片土地，理解祖祖辈辈在这片土地上生活的人民，理解他们的物质生活和精神世界，从而对历史和文化多一份虔诚和敬畏。

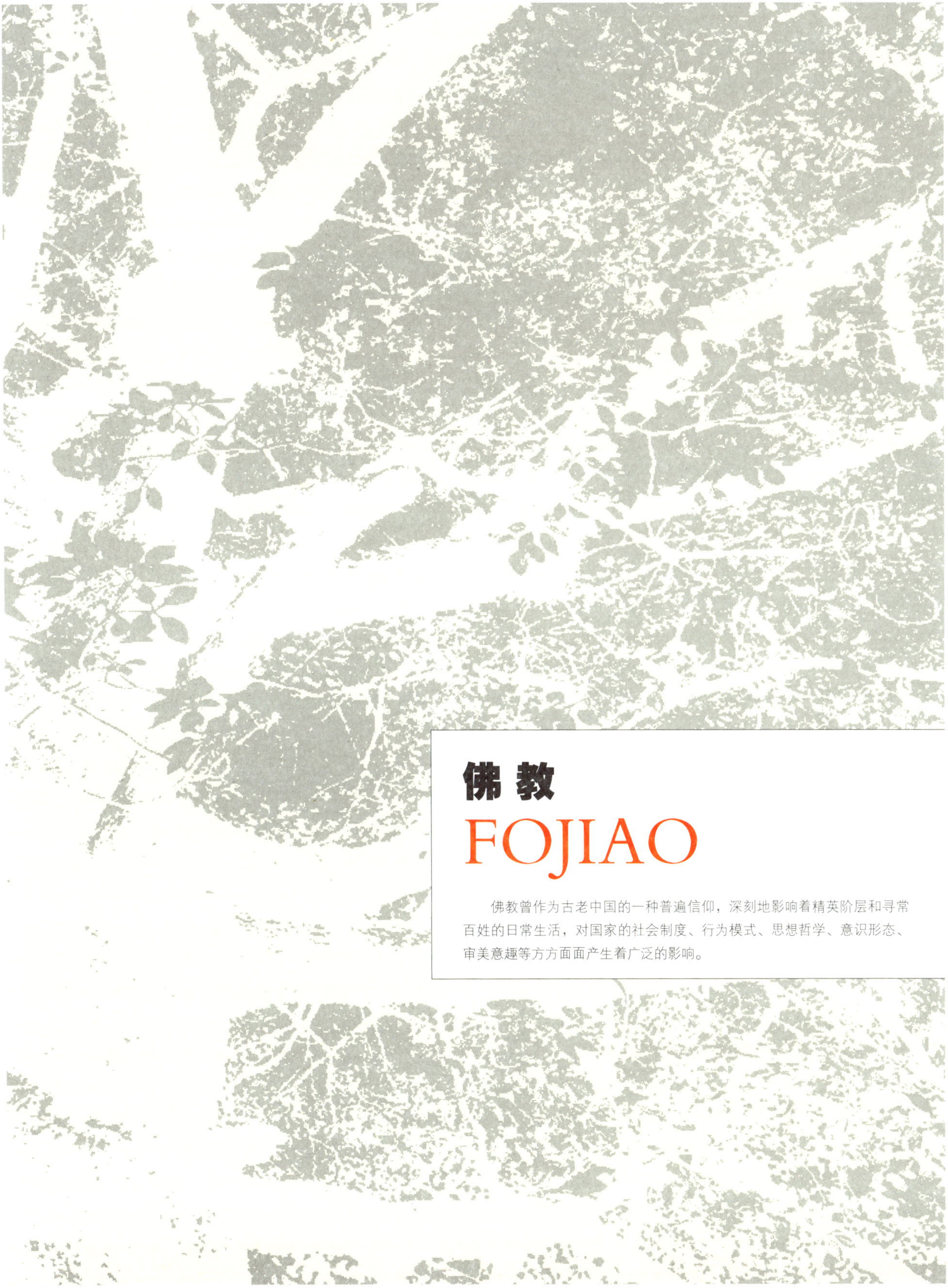

佛教

FOJIAO

佛教曾作为古老中国的一种普遍信仰，深刻地影响着精英阶层和寻常百姓的日常生活，对国家的社会制度、行为模式、思想哲学、意识形态、审美意趣等方方面面产生着广泛的影响。

编者按

菩提根深

PUTI GENSHEN

佛教曾作为古老中国的一种普遍信仰，深刻地影响着精英阶层和寻常百姓的日常生活，对国家的社会制度、行为模式、思想哲学、意识形态、审美意趣等方方面面产生着广泛的影响。佛教一方面渗透到都城以及精英阶层的生活中，一方面又被嫁接到乡村本土的偶像崇拜中，呈现出两种向度的生态面貌。指向精英阶层的佛教，贡献着丰富的哲学思想、灵感来源，提供新鲜的学问和自我修养模式，展示更为开阔的时间观、人性观和命运观，极大地满足上层的精神和智力需求；指向乡村民众的佛教，亲切温润，熟识他们的信徒，关注乡间所有的生活层面。乡间的僧侣不但主持婚丧嫁娶，开办义学教育乡民，担任占卜者、治疗者的角色，还以丰富的因果故事充当风俗教化和日常娱乐的作用。而佛教作为社会的凝合剂，又以共同的信仰和行为将所有的阶层、族群连结在一起。

佛教自汉代开始，由海、陆两条路径进入中国。陆上，从印度、伊朗及中亚西域诸国，沿着与中国的商贸路线传播至中国，继而沿着国内贸易

和的智慧——广东宗教文化行 佛教

禅宗在广东兴起，掀开"佛教中国化"崭新一页

毛泽东盛赞惠能是岭南两大伟人之一

【传奇】

岭南樵夫目不识丁竟成禅宗大师

【传法】

从广东开始的佛教平民化革命

华林石塔内惊现佛骨舍利

六榕：王勃绝笔　东坡得名

百寺扶千户

闹市听禅音

和交流的主要路线传播并扎根在各个中心，如西北贸易中心敦煌、长安和洛阳、山东南部和安徽、长江下游今武昌附近等。海路路线则由越南河内，广东徐闻、合浦、番禺等港口进入。从南北朝开始，海路来华的僧人就多从广州登岸了。佛经汉文翻译的创始人安世高、中国禅宗的初祖菩提达摩，都以广东为“西来初地”；中国佛教史上最著名的人物禅宗六祖惠能诞生、弘法、入灭在岭南；中国人撰写的现存可考的最早佛教著作《理惑论》，大乘佛教中最重要的三部经典之《楞严经》汉译本、唯一一部被誉为“经”的中国著述——《六祖坛经》都产生于岭南。岭南在中国佛教史中的地位可见一斑。

在本章中，我们将跟随记者的笔触逐一瞻仰岭南重要的佛寺古刹、灵山风物；记述历史，领略这一古老精神传统的宽和智慧、风日洒然；与僧侣对话，了解佛教在现代社会生活中扮演的积极而阳光的角色。旅程告一段落后，我们向您推出三篇学者的研究片断，帮助加深对佛教的了解。

起而径行

QIER JINGXING

记者手记

缘起

和尚者，以“和”为“尚”也。

岭南佛教自汉代从天竺经海路传入，倡导“六和敬”，外同他善、内自谦卑，富含和谐智慧。唐宋最为鼎盛，广东先贤惠能创立顿悟禅门，实现佛教中国化。禅宗“一花五叶”源远流长，其禅修致和、慈悲济世的传统至今对岭南乃至中国有深刻的影响。

盛世兴禅，和风滋世。在广东建设文化强省、和谐社会之际，本报记者走访了一些有代表性的岭南寺庙，对话高僧大德，挖掘岭南禅宗文化，追寻和的轨迹，汲取和的智慧。希望有益于净化人心、促进和谐。

目不识丁的禅宗大师——惠能

中国佛教禅宗的发源地在哪里？就在广东。

因为禅宗初祖达摩一千多年前来华登岸的“西来初地”，就在如今热闹的广州下九路一带，当年传法的草庵已经演化成香火鼎盛的华林禅寺；更因为真正实现“佛教中国化”这一革命的六祖惠能就是“老广”，生活与传法都在广东。

惠能的一生堪称神奇：一个岭南乡村的樵夫，到五祖弘忍门下当了半年多的杂役，还未剃度就以一偈得到传法衣钵；一个目不识丁的文盲，竟能与孔子、老子并称为东方三圣，留下佛教史上唯一出自中国的“经”——《六祖坛经》。

沿着惠能的足迹，我们走进大师故里的新兴国恩寺、剃度的广州光孝寺、弘法的韶关南华寺，重寻大根器、大智慧背后的岭南禅宗法脉、广东文化精髓。

【传奇】岭南樵夫目不识丁竟成禅宗大师

在云浮市新兴县夏卢村内，有一棵传说是六祖手植的千年奇荔。荔枝果核有独一无二的戒疤标记——好像高僧头顶的香痂印记，印证着“身在南华心在家”的惠能梦语。

在夏卢村里，老人都能娓娓说出六祖的故事。惠能俗姓卢，生于唐贞观十二年(公元638年)戊戌二月初八日子时。三岁丧父，从小砍柴为生，赡养母亲李氏。一日惠能担柴到县城卖，在金台寺听一客人诵《金刚经》，听至“凡所有相皆是虚妄，应无所住而生其心”时，虽不识文字但有感悟，于是上前问：“此是何经？”客人曰：“此乃《金刚经》，黄梅弘忍禅师教我们诵的。”惠能得客人资助，安置好母亲，北上黄梅拜五祖弘忍

为师，时年24岁。

弘忍问：“你从何处来，欲求何物？”惠能说：“弟子是岭南人，唯求作佛！”弘忍说：“你是岭南人，又是獦獠(当时中原人对南方土著民族的贬称)，如何堪作佛？”惠能不亢不卑地回了一句“经典金句”：“人虽有南北，佛性本无南北。”弘忍知他根器极高，遂命随众劳动。

在碓房舂了八个月的米，惠能迎来了他人生最传奇的一幕：弘忍为传衣法，命各人作偈呈验。高徒神秀作偈云：“身是菩提树，心如明镜台；时时勤拂拭，莫使惹尘埃。”一时传诵全寺。惠能也作一偈，请人写在壁上云：“菩提本无树，明镜亦非台；本来无一物，何处惹尘埃！”次晚三更，弘忍向惠能宣讲《金刚经》，密授禅宗信物袈裟钵盂：“你为禅宗第六祖，擅自护持，广度有情，流布将来，无令断绝。”即送他离寺到九江渡口，叮嘱他南去暂作隐晦，待时行化。惠能回到广东后，为避对手加害，隐遁于四会、怀集等地。

潜修十五六年后，惠能又以一偈“出山”：至广州法性寺(今光孝寺)，值印宗法师讲经，此时风吹幡动，两位僧人辩论，一说风动，一说幡动。惠能朗声说道：“非风也非幡动，仁者心动。”大家听了为之惊诧。印宗延他至上席，惠能出示了衣钵。印宗欢喜赞叹，其后即集众在寺内菩提树下为惠能正式剃发。

第二年春天，六祖辞别众人到曲江曹溪宝林寺(今韶关南华寺)，讲经说法37年。公元712年，六祖惠能命门徒回故居新州国恩寺建报恩塔。公元713年，六祖在国恩寺圆寂，世寿76岁。

传说惠能坐化后，广州、韶州、新州都争占六祖真身于本地敬奉，争论难决。后来由三方代表决定在一小山岗处点灯燃香，香烟指向，便属师之所归。当时烟指韶州方位，即定由韶州人接回宝林寺供奉。惠能门人法海录其法语，成为后世流传的《六祖坛经》，这也是佛教史上唯一出自中国的经书。

【传法】从广东开始的佛教平民化革命

毛泽东曾赞誉岭南有两大伟人，一位是孙中山，另一位就是惠能。据说他晚年对《六祖坛经》爱不释手随身翻阅，多次在公开场合赞扬惠能大师是中国禅宗的真正创始人，称《六祖坛经》是“劳动人民的佛经”。

惠能对传统佛教的重大改革创新在于：他宣扬“佛在我心，净心自悟，见性成佛”，强调“人本”而不是“佛本”；他提倡“顿悟”，主张简易修行。他提倡人人可修、人人可成佛的广泛性，令达官显贵、平民百姓及至贩夫走卒，皆可成佛。在佛面前，人人平等不分尊卑。“一念若悟，众生是佛。”

他摆脱了经院式的繁琐佛理束缚，直指心性，顿悟见佛，简单而务实，较易为中国各阶层所接受，为佛教的广泛传播起了非常巨大的作用。南派禅宗成为岭南以至全国佛教的主要流派，衍为临济、沩仰、法眼、曹洞、云门五大支系，即所谓“一花五叶”，生机盎然。至今，佛教中仍以禅宗为主流地位，远播日本、朝鲜、东南亚及欧美等国家与地区。连佛教创始国印度也建有南华禅寺，弘扬惠能禅学，足见其影响之大。

学界认为，六祖惠能开辟了佛教从以古印度为重心向中国转移的过程，使佛教在印度逐渐衰落的同时，于中国得以扎根以至壮大，从而促成了佛教的中国化，奠定了佛教在中国的历史地位。另外，惠能开创的禅宗理论使佛教由以中国北方为重心转向南北并重，奠定了佛教在岭南和东南亚一带的影响和历史地位。是六祖惠能把当时的贵族佛教改造为普罗大众的佛教，从而使佛教平民化、世俗化，使佛教真正具有了生命力，这在当时的中国是一次革命性的创新。

2008年以来，广东以“禅宗六祖文化节”为载体，重光六祖文化，逐步深入人心，已成为广东建设文化强省的品牌项目。在功利化的时代，重温六祖智慧，如见菩提星月、空山法雨，清凉可喜。

百寺扶千户　闹市听禅音

2010年6月30日是首个“广东扶贫济困日”，广东省佛教界捐款1670万元，引起轰动。

这只是广东佛教界弘扬“人间佛教”精神、促进社会和谐的一个生动事例。近5年以来，广东省佛教界积极开展慈善公益事业，为赈灾扶贫、扶孤养老、兴办学校、修桥铺路、建造医院等慈善事业捐款超过2亿元。其中向汶川地震灾区捐款捐物达5800多万元，为全国各省佛教界之最。

僧人出世不忘济世。从2008年起，由广东省民族宗教委倡导、省佛教协会发起的“百寺扶千户”扶贫计划实施以来，全省549间寺院参与帮扶贫困户1674户，捐款共计1430万元。近年来，省佛协举办10处佛教慈善中医诊所，为20多万下岗人员提供免费医疗服务。

在抚慰人心、促进和谐方面，寺庙也各出奇招：光孝寺定期举行抄经诵经活动，在庙

里受持戒法、养菩提心；南华禅寺已举办三届“禅悦行”免费夏令营活动，让青年学生走进禅院、认识佛教、开启智慧；广州大佛寺开设全省第一家面向社会开放的现代化佛教图书馆，经常举办古琴、茶禅雅集，琴韵书香中，为工作生活日趋紧张的现代人提供心灵休憩的绿地……

2008年金融海啸肆虐之际，百岁高僧释本焕主持弘法寺，广庇在深圳失业和生活无着的人士。平时免费开放的1000个床位全部占满后，他们紧急购置棉被、打满地铺，最高峰收纳超3000人。寺庙给这些飘零无助的人一个安身之处，为政府分忧解难出了一份绵薄之力，实践着本焕长老提出的“不为自己求安乐，只为众生得离苦”的理念。

广东省民族宗教委主任陈绿平认为，广东佛教界将“弘法利生”传统与抚慰人心、扶贫济困结合起来，一边建设和谐宗教，一边服务和谐社会。这是实践“人间佛教”精神的有益行动。

光孝寺：岭南第一名刹的“人间道”

在广州中山六路闹市的一条繁华街道上，轻轻推开一扇古旧的铁门，便是别样洞天——古树婆娑，鸟鸣寺幽，风幡飘扬。

“未有羊城，先有光孝”。光孝寺原是南越王第三代子孙所建的住宅，后成为寺庙，东晋时开始有印度名僧来传教，后又有六祖惠能在此演示宏法；千年古刹，名僧络绎，终成岭南第一佛寺之美誉。

身居闹市，佛法如何普渡众生？

光孝寺方丈明生大师慈容常笑，朗声开示：广东佛教的特色是“禅”，通过达摩祖师传到广州，后由六祖惠能大师开宗立派，主张“明心见性，顿悟成佛”。光孝寺秉承禅宗，僧众发愿“弘法利生”，引导“和谐世界，从心开始”，清净人心，开发智慧。

光孝寺对于广州的意义，是无法取代的。很多的广州人，好奇也罢，寻求清净或者寄托也罢，都喜欢有事没事来光孝寺走一遭。然而，身居闹区的我们越来越发现，我们的心情越来越难以驾驭，我们整天被名缰利锁缠身，甚至陷入你争我夺的境地；为了名誉、金钱、权势等，我们的心一直在喊累。

佛说，放下！现代都市人的生活，欲望很多。而禅宗的理念，就是教人们放下不必要的执著。佛教戒律规定，日中一食、过午不食，就是为了节制自身的欲望。清修到家了，内心世界清净和谐，自然没有那么多的烦恼。

大师给我念了一个六祖的偈语：佛法在人间，不离世间觉；离世觅菩提，恰如求兔角。意思是说佛法从来不是空中楼阁，离开世间，放下世间，便无法修行。

记者发现光孝寺内除了有着一般寺庙里所具备的大雄宝殿、金身佛像外，广东省佛教协会的办公室也设在此。光孝寺内还有几间办公室，上面赫然挂着“编辑部”的牌子，编辑部里不但陈列着众多佛学经典，还有一本专门刊登佛教论文的杂志。光孝寺还有专门的网站，新闻中心、网上礼佛、菩提社区，一个网站应该具有的功能应有尽有。做这个网站的技术人员全都是光孝寺的僧人们。

采访结束的时候，已是黄昏。走在光孝寺的院墙内，数百年的菩提树枝叶层层叠叠，些许灯影摇摇曳曳。路上走着气定神闲、不时双手合十的僧人，也有口中念念有辞的信众，还有一些从宝马车走出、到甘露坊就餐的客人，所有的人都走着自己的路，相伴相安，只是突然间响起的手机铃声，让时空有某种错乱之感。让人忍不住感叹，一千多年过去了，这个世界发生着太多的改变，今天的光孝寺，也跟过去有很多不一样的地方，但有些事物，有些坚持，或许可以永远都不改变。

南华寺：六祖真身安度千年劫波

到达南华寺那天，微雨徐徐，寺前不远处，青山滴翠，云雾缭绕。雨雾中的庙宇亭台，显得格外宁静。这里是六祖惠能真身驻锡之所。如果说光孝寺是中国禅宗的序幕，南华寺就是气势磅礴的第一乐章。

南华寺优美的风光，让人不得不感佩1500多年前梵僧智药三藏的慧眼识珠。他发现，在“香美非常”的曹溪水源处有块宝地，“可于此建梵刹，一百六十年后，当有无上法宝于此演化，到达者如林。”于是，他在此地创建了宝林寺。

隋朝末年，宝林寺毁于兵灾。此后，比丘尼无尽藏发动乡绅重建宝林寺，十五年后，惠能重返宝林寺，在此说法三十七年，此间群贤毕至，宝林寺迎来全盛时期。宝林寺曾先后改名中兴寺、法泉寺，直到宋开宝三年(公元970年)赐额南华禅寺，才以南华寺沿用至今。1934年，虚云老和尚到南华寺时，见六祖道场“一个好端端的圣地道场，竟沦为修罗恶境，牛羊乱窜，鸡鸭四散，大殿变成屠宰场，方丈寺成为驻兵营，僧寮化为烟霞之窟”。遂发愿重建祖庭，以七年时间完成。在虚云手中，南华寺恢复盛况。

行至寺院后山，见一牌坊刻有“天下宝林”，不禁浮想联翩，像智药三藏法师这样一个眼光深远的高僧，难道无法预见宝林寺建了又毁的无常法则？

在当家师的带领下，记者看到了南华寺

的镇寺之宝——六祖惠能真身像。真身像高80厘米，六祖结跏趺坐，双眼微闭，嘴唇稍厚，颧骨略高。

据说，惠能圆寂前断绝饮食，打坐入定，坐化圆寂。遗体放在两个对盖密封的大缸中，成为坐式肉身，然后再进行塑造。先“以香泥上之”，然后加布，再“以铁叶、漆布固师颈”。这尊像据说如实体现了六祖的精神气韵。

惠能向黄梅五祖学法时，留下家喻户晓的佛偈：“菩提本无树，明镜亦非台。本来无一物，何处惹尘埃。”后世弟子也深知“若以色见我，以音声求我，是人行邪道，不能见如来。”既然如此，为何还煞费苦心保存六祖的肉身，这岂不是违背了“应无所住而生其心”的传法大义？

南华寺方丈传正大和尚告诉记者，虚云老和尚的一席话或许能解开人们的这一疑惑。辛亥革命后，虚云只身面见痛恨僧徒、杀僧毁寺、并指名逮捕虚云老和尚的滇省将军李根源。李问：“要这泥塑木雕做什么？空费钱财。”虚云答曰：“佛言法相，相以表法，不以相表，于法不张，令人起敬畏之心耳。人心若不敬畏，无恶不作，无作不恶，祸乱以成。”这段话，为历来佛门人物勤修道场佛像提供了一个最佳的诠释。

云门寺：农禅并重　门风高峻

大觉禅寺位于韶关乳源瑶族自治县云门山下，故又称云门寺。作为云门宗的发源地，其农禅并重的道风，一直为教内外称颂不已。

与都市道场门庭若市的境况迥然不同，群山中的云门寺游人罕至，静谧安宁。在悠扬的钟声中，记者见到了年轻的云门寺方丈明向大和尚，听他娓娓道起云门寺的千年历史。

五代末年，云门宗开山祖师文偃禅师创建了云门寺，距今已有一千多年的历史。文偃出家后，在福州象骨山雪峰寺得到义存禅师印可后，就来到云门山，开创自成一系的云门宗禅风。

云门宗风急切而猛烈，文偃自幼天资聪颖、辩才无碍，加上心思极其敏锐，使得他自然而然地走向孤危险峻的思想高峰。文偃知道这个路子不是一般人能走得通的，所以曾经以一首诗描写自己的禅风："云门耸峻白云低，水急游鱼不敢栖；入户已知来见解，何劳更举轹中泥。"如此高峻的门风，使他接引的学生都是上根利器、一时之选，但云门宗在禅宗的发展史上仍是昙花一现。

1940年，当时住持南华寺的虚云老和尚来到云门寺，见这千年道场仅有一僧看守，到处荆棘丛生、断壁残垣，祖殿摇摇欲坠，不觉凄然泪下。

南华寺整顿完毕后，虚云老和尚又花了十年时间，使云门寺焕然一新。1945年，粤北沦陷，饥民涌至云门寺，虚云以粥和木薯粉供僧俗大众充饥。他权衡情势，认为佛教必须加入劳动生产，不再仰赖供养，才能不被淘汰，所以开办“大觉农场”，规定寺内共住大众，除60岁以上体弱者，一律参加农垦。又在韶关大鉴寺开办纺织工厂，安置流亡僧众，开辟经济来源。

这位活到120岁的近代奇僧，一生虽然充满传奇色彩，但他的作为，却完全是一手一脚的人间奋斗。他深入虎穴、调停仇怨，又带着僧众开山辟地、烧砖造林，让寺庙全面动员起来，开出水田100多亩。大炼钢铁时期，他还勉励僧众烧炭六万多斤、砍柴38万斤捐给政府。

至今，云门寺仍然保持着农禅并重的道风，每到务农时间，明向方丈还带头下田。云门寺前，有几十亩碧绿的稻田，稻田边上是菜园，种有青椒、黄瓜、茄子……这让人不由自主地想起虚云告诫弟子的话：不要以为“闭起眼睛、盘起腿子、才算修行”，“运水搬柴、锄田种地，乃至穿衣吃饭都是修行佛法。”

弘法寺：发大心做菩萨

特区的宗教事业有着改革的印迹，佛教文化有着时代创新的烙印。

在深圳经济特区，有一座只有18年历史的年轻寺庙——弘法寺，由现年104岁的“佛门泰斗”本焕大师创建。36岁的方丈印顺，大学毕业，2000年出家，一直跟随本焕大师。

记者采访的这天，印顺的接待任务一个接一个。当他坐下来时，记者问：“你每天要见那么多人，办那么多事，对你修研、思考和管理有没有影响？”他笑笑说：“只要像本焕老和尚所说‘事忙心不忙，事乱心不乱’，那就一切都有序。”

他曾跟随老和尚走访了400多个寺庙，了解中国汉传佛教界寺庙现状，并思考在当今社会高速发展的形势下如何既秉承传统，又与时俱进。在深圳这个节奏很快的城市，每年都有大批信众来弘法寺寻求心灵的慰藉。与内地许多寺庙不同的是，来弘法寺的香客中，9成以上是年轻人，一半以上拥有高学历。印顺说，正是看到这一点，我们在人间佛教的基础上，提出建设人文佛教，以积极的态度参与社会，为忙碌的人们提供身心和谐的场所。

该寺坚持不卖门票，而且每位客人可免费拿三支香，饮用水也是免费。这里设有1000个床位，居士吃饭和住宿同样是免费。2008年，金融危机冲击，许多企业裁减人手。失业的外来工一天有三到五千人来这里借宿，连走廊和厅堂也打了地铺，最长的住了三个月。印顺说：“我们给了他们一个过渡休憩的地方，令其可以调整自己，再次踏上就业的路。这并不是慈善，而是一种关爱。”

在当今社会，印顺觉得：“慈善不仅是捐款，不仅是奉献，是别人给你一个成就的机会。施与受两者是平等的。”该寺的义工组织颇为庞大，也颇为规范，全部进行了信息数据管理。义工95%是年青人，还有两成来自港澳。该寺《义工手册》上规定：有效义工在三个月内累计服务时间不少于15小时。义工还实行星级管理，年服务时间达到20、70、150、240和360小时的，经公示后可依次评为一星至五星级义工。多年来，弘法寺累积用于慈善的钱已上亿，很多义工活跃在深圳大街小巷。

令人称奇的是，遍观弘法寺，找不到一尊罗汉像。本焕长老说，所有的在家人和出家人都要发大心做菩萨，要做大菩萨，不要做只顾自己的罗汉。只有自利利他，才能更好地救助众生。

此画描绘菩提达摩面壁打坐，苦行修炼的情形。达摩面部的刻划，坚韧虔诚。据南朝梁释慧皎《高僧传》谓，达摩，天竺人，本名菩提多罗。于梁普通元年入华，武帝迎至金陵。后渡江往魏，止嵩山少林寺面壁九年，传法于慧可。达摩为中国佛教禅宗的始祖。画中自题七绝诗一首，年款为庚子。《明画录》载其“游寓多居精舍，禅灯孤榻，世以发僧高之”。这幅作品署有“超泉精舍”。观其笔墨简练沉着，应当是晚年八十六时所作。

华林寺：石塔内惊现佛骨舍利

近年来，陕西法门寺佛指骨舍利、南京大报恩寺佛顶骨舍利相继重光，引起海内外轰动。但鲜为人知的是，其实广州华林寺也供奉着21粒珍贵的佛舍利，曾经隐踪匿迹30余年。

在达摩祖师西来初地、广州千年古刹华林寺内，有一座建于康熙辛已年(公元1701年)的7米石塔。1965年，广州市文物管理部门决定将石塔迁移至解放北路兰圃内存放。当工作人员一层层拆卸石塔时，突然发现一个长方形的石函，里面是一个边长17.5厘米的扁方木盒，盖面有“佛舍利”3个朱色字迹。木盒内藏一个方铜盒，铜盒中又有圆形银盒，盒盖上刻有7个梵文。工作人员小心翼翼地揭开银盒时，不禁惊呆了：盒中盘绕着一枝银质莲花，每朵莲花中间都有莲房，莲房有盖子盖着，神奇的“佛舍利”就贮于莲房内，共计22粒，细小如豆。

在出土的铜盒上有铭文：“大清康熙辛巳孟秋华林寺住持沙门元海敬合，缁

此画描绘的是佛教禅宗六代祖师的形象，计有初祖达摩，二祖神光，三祖僧璨，四祖道信，五祖弘忍，六祖慧能。六祖人物之间以岩石、泉水、苍松、古柏相连，并点装佛教圣地。把佛法尊严表现得淋漓尽致。这幅作品将六代祖师并行安置在一个画面上，其间以松石、泉水等相隔，过渡自然，各代祖师刻画精细，情态各具。画面上署款为“西湖静庵为普顺居士写”。拖尾有明、清祝允明、唐寅、曹勋、曹溶四题，其中唐氏长题为六祖事迹。

素捐资建白石浮图，奉安释迦如来真身舍利二十二颗。其中央莲花所藏一颗，系金轮峰分出。余十莲花环贮，其来出栖贤居多，然莹洁相类，知俱如来舍利无疑。后世倘启函，当尊重，幸毋亵慢，慎之。”

1989年，华林寺重新开放。1996年，广州市政园林局同意将严密保藏多年的舍利子归还华林寺，但盒内的舍利子只有21粒。那一粒丢失的舍利子去向，至今无人知晓。华林寺方丈释光明大师说，这21粒舍利子曾经被送到北京，时任中国佛教协会会长的赵朴初看后，判断为释迦牟尼的肉身舍利。

六榕寺：王勃绝笔　东坡得名

六榕寺是广州四大佛教丛林之一，寺内有巍峨的千佛宝塔，原名舍利塔，俗称花塔，是广州有名的古代高层建筑。塔西为庄严华丽的大雄宝殿，供奉清康熙二年以黄铜精铸的三尊大佛像，为广东省现存最大的古代铜像。

在六榕寺的大门旁，有一副对联，上联曰：“一塔有碑留博士”，下联是：“六榕无树记东坡”，记述了六榕寺与唐宋两位大文豪王勃、苏东坡的渊源。他们都只是路过广州，却因结缘六榕寺而留下文与字。

唐高宗上元二年春，初唐四杰之一的王勃离开家乡绛州龙门，南赴交趾(今越南河内附近)探父，于十一月到达广州。适逢宝庄严寺(即今六榕寺)开设法会，因受宝轮法师托请，写下洋洋洒洒3200字

吴彬，字文中，又字文仲，号枝隐头陀，自称枝庵法僧。福建莆田人，流落寓居金陵（今南京）。万历年间，以能画而被推荐，授予中书舍人，历工部主事。其生卒年不详，活动于万历、崇祯年间。《佛像轴》画一古佛高坐，下边有佛弟子二人。此幅作品细密和粗劲厚重兼有，佛像仪态娴静，趺跏而坐，两手相叠，上手拈佛珠，眼神内敛，面部表情沉静似水，在艺术表现上，此图构图奇特，古佛高坐，占有画面的上半部，古佛的形象巍峨高大，程度夸张，和右下角两个形象偏小的佛弟子形成对比。

的《广州宝庄严寺舍利塔碑》，记述这次盛典，称颂修塔盛举。次年，王勃乘搭木船南赴交趾，遇海上飓风罹难，年仅27岁。这篇碑文，成了一代才子的绝笔。

北宋元符三年，朝廷三下赦令，苏东坡自海南儋州北归，辗转抵达广州。他逗留了一个月，由于住处离六榕寺很近，寺中有古榕六株、浓荫蔽日，引得苏公常来憩息。此时苏公应寺僧请，留题墨宝“六榕”书匾。喜欢说禅的苏东坡深感世人皆受色、声、香、味、触、法之六尘蒙蔽，而置身六榕之下，六尘便被遮隔。

如今，寺内有白色玉石所铸东坡塑像，衣袂飘然，立在一方刻有“六榕”二字的石基上，石基背面刻着烫金字体的《定风波》：“莫听穿林打叶声，何妨吟啸且徐行。竹杖芒鞋轻胜马，谁怕？一蓑烟雨任平生。料峭春风吹酒醒，微冷，山头斜照却相迎。回首向来萧瑟处，归去，也无风雨也无晴。”

定光寺：岭南唯一尼众佛学院

“妙湛总持不动尊，首楞严王世希有，销我亿劫颠倒想，不历僧祇获法身……”梵呗沉宏，响彻山间，晨曦流泻，一层一层地照亮陆丰清云山东麓的百年古刹定光寺。

清晨4点半，设于定光寺内的广东尼众佛学院300多名尼众(即俗称的“尼姑”)开始了她们的早课——佛经唱诵。

尼众上完早课、用完斋，按时进入按照年级划分的课室上课。从清晨4点到晚上10点，诵经、茹素、上课，尼众的学佛生活，日日如是。修读课程除了唯识三十颂、中国佛教史、俱舍论、因明学、律学等佛学课程外，还有通识课和文化课，像古代汉语、中国历代文学作品选、中国通史、世界史、中国哲学史、西方哲学……与普通的大学课程无异。

英语、计算机也是所有尼众的必修课。经过计算机室时，尼众正在制作佛学作业的PPT。她们素袍加身，端坐于液晶屏幕之前，鼠标点击声此起彼伏；然而一抬头，教室门上“佛”字赫然在目，“一切有为法，如梦如幻如泡影”的佛语书法横挂墙上，让人顿生时光错乱之感。这是清净的佛门之地，也是现代技术风行的21世纪。

这所广东省内唯一的尼众佛学院前身是“陆丰市定光寺僧伽培训班”，由定光寺宏慧

大和尚创建于1995年，1996年升格为广东尼众佛学院。学院每年招生一次。学院本科课程为六年制，预科2年和本科班4年。2000年，学院又开设了研究生班，学制3年。如今，已培养了10届本科毕业生，学员数量由一开始80人增加到300多人，法师、教师渐成规模。

当年，有人劝宏慧法师将教学大楼建在寺庙旁边，他却认为要“以教育为主，办学第一”，坚持建在院内，为的是终有一日实现“寺校共兴”。今天，他的远见与理想成就了定光寺“岭南一枝独秀”的美誉与荣光，也成就了尼众佛学院内学风道风一片蔚然。

木鱼笃笃，催夕阳西斜；海青翩翩，300多位年轻尼众穿行青翠山色之中，自成风景。

蒋贵，生卒年不详，号青山，仪真（今江苏仪征）人。师吴伟，人物画细致逼真，山水画亦重写实。此图画唐贞观年间高僧寒山与拾得二人。寒山亦称寒山子，居天台丰县寒岩，好吟词偈，状似疯癫。拾得是孤儿，寺僧拾而养之，故名拾得，在寺执炊涤器，与寒山友善。图中右部署有“青山”，为蒋贵号，并钤有印。这是目前所知蒋贵唯一署名的作品。

我不同意“经营佛教”

——对话广东省佛协会长、光孝寺方丈释明生

记者：佛教应该出世还是入世，争议一直很大。在当今社会，您怎么看待佛教的世间化？

释明生：佛法从来就不是空中楼阁，佛教必须在人间传播。我认为，世间化和世俗化是两回事。佛教可以世间化，但是不可以世俗化。光孝寺开素菜馆，不是为了赚钱，而是将盈余全部捐给中医慈善诊所，而且信众也通过这种方式，帮助贫困受难的群众，广结善缘。佛门弟子所作所为应该实现利生价值的最大化，而不是利益的最大化。佛教在人间传播，应该化世俗，而不能为世俗所化。

记者：随着技术普及，不少佛门弟子都有了手机，会上网，您自己也是电脑高手，会用苹果机。您怎么看待像手机、互联网等这些新事物？

释明生：佛教有云：法住法位。世上的每一件东

丁云鹏（1547—1628尚在），字南羽，号圣华居士，今安徽休宁人。擅长人物、佛像、仕女。白描师李公麟，似发之间，而眉睫意态毕具。设色学钱选，以精工见长。也工山水，风格略近文徵明和仇英。供奉内廷十余年。丁云鹏的画法，早期细秀，晚年粗略。此图以白描手法画禅宗南宗创始人慧能诵经于菩提树下，前有三僧或坐或立，似在辩论经义。

西，都有其存在价值。我们用数码相机为庙内佛教文物拍照，存储在电脑中方便管理；我们建立了网站，有利于弘法；我们还打算录制佛教歌曲……有利人间的东西，如新技术，佛教徒有机会都要学习使用。现在回过头看，当初佛陀只能以口相传，后来有了纸张，写书立传成了先进传播方式，在永恒不灭的宇宙时间里，互联网有朝一日也会变成旧事物。

记者：近年来，“经营佛教”的概念越来越频繁地进入出现在公众视野中，您之前也报读了华南理工大学的EMBA班，对于经营佛教，您怎么看？

释明生：“经营佛教”的提法，我并不认同。寺庙的经营，不应该过分利用经济的手段。虽然我在上EMBA，但有些课程我认为并没有必要去上。我觉得办好佛教，一方面要开源节流，另一方面则要用优质服务去引导信众向善，帮助更多需要帮助的人。

（释明生：男，1960年9月生，广东揭阳市惠来县人，现任全国人大代表、广东省政协委员，中国佛教协会副会长、广东省佛教协会会长、广州光孝寺方丈。）

坐而討本

ZUOER TAOBEN

学者论道

岭南佛禅文化略说

林有能　广东省社会科学界联合会专职副主席、广东省禅文化研究副会长

吾粤岭南开发较晚，在国人眼里乃荒蛮之地、谪流之所，难怪像五祖弘忍这样的禅宗大师初见来自岭南的慧能时也以“獦獠”相称。但一方水土养育一方文化。岭南以其特殊方位，孕育出特色鲜明的岭南文化。其中，岭南的禅文化以其厚重鲜活而弛名于世。兹略陈一二以求教于方家。

岭南——佛教海路来华的“西来初地”

佛教的最初东传，全拜使节和贸易商路所赐，走的路线均是使节、商贾之旅途，即今所言之陆上丝路和海上丝路。所以，佛教东来中土，有陆、海两途，从时间上说，陆路早于海路，但两途各负使命，均有贡献。

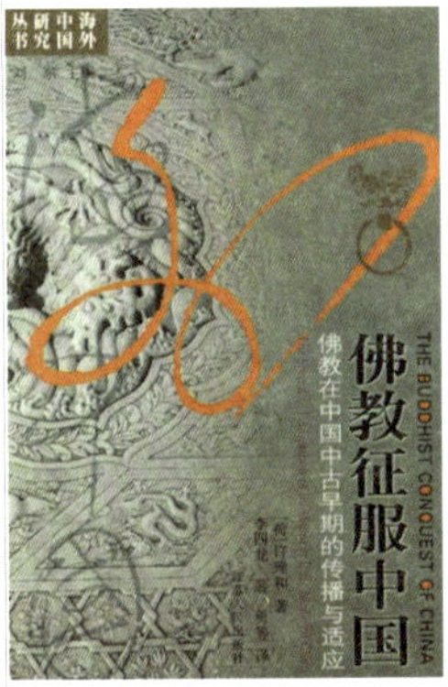

【荷】许里荷：《佛教征服中国》，南京：江苏人民出版社，2005年8月.

岭南面临南海，区位的地理条件使这块土地成了佛教从海路来华的第一站。迄今所见，最先踏足岭南的印度僧人是安息国太子安世高，他于东汉桓帝建和二年（148年）到达洛阳，期间曾两次到广州活动。但他是从海路还是陆路抵洛阳，史无明载。有人根据当时陆路战乱状况而认为他可能泛海东来先抵岭南而北上再南下，这只是主观的臆测。而有史可稽者，乃西域僧人支疆梁接，他于三国孙亮五凤二年（225年）抵广州，开印度僧人跨海抵岭南之先河。此后历朝，均有印度高僧接踵而至。先贤罗香林曾说：“东汉时代，印度的佛教以至海外各国文化，亦多自越南河内以及广东的徐闻、合浦与番禺等港

口传入。”[1]张伟然先生也说：“从南北朝开始，取海路来华的高僧多从广州登岸。”[2]

这些泛海来华的僧人，或传教、或译经、或建寺，对中国佛教的发展贡献良多。如天竺人迦摩罗，他于西晋武帝太康二年（281年）抵广州，建三皈寺和王仁寺，是为广州建寺之始。又如南天竺的菩提达摩，于南北朝时期的梁朝（520年前后）“跨海逢羊”，登岸羊城，故广州有“西来初地”胜迹以兹纪念，达摩后北上河南，驻锡少林，被尊为中国禅宗初祖。

佛教海路来华，有着特殊的地位和作用：

首先，伴随陆、海两路僧人来华之佛经，分别称为陆经和海经，但当时的佛经以贝多罗树叶制成，称为贝叶经。这样，海路的运输条件远胜陆路：一是对佛经的完整保护有利。因为陆路战乱频仍，长途跋涉，易损叶经；而海路相对平稳，虽是海浪颠簸也不致叶经散乱损坏；二是海船运载贝叶经的量比陆路大。对此，曾有人专门作分析：“佛教传播的陆路与海路各有其优势，一般地说，陆路来得快捷，但由于佛经以贝多罗树叶写成，不便于运输，故运载量较小；海路来得较慢，但运载量较大。所以，佛教最早的传播尽管是通过陆路，但是那‘沙漠之舟’带来的佛教经典不多，更多的倒是神异的佛教传说；海路的尽管较晚，但大舶巨舟所载，往往是成箱成夹的佛教卷帙，这是陆路传播望尘莫及的了”。[3]

第二，早期来华的佛经，不管是陆经还是海经，都是相对原始的版本，是后来汉译的底本。既然是未经演绎的底本，就会较完整地保留了印度佛教的原始义理，让人们能够更全面而深入地了解印度佛教的原貌。而如上文所言，海经较陆经的量为多，必然对岭南的佛教产生更大的影响，诚如有学者所言：“海路运输的便捷使得佛教的经典理论深入地传入中国，这当然就使得岭南有

[1] 罗香林：《世界史上广东学术源流与发展》，《书林》第一卷第三期。
[2] 张伟然：《南北朝时期岭南佛教的地理分布》，《中国佛教二千年学术论文集》，广东省佛教协会出版。
[3] 覃召文：《岭南禅文化》，广东人民出版社1996年12月版第2页。

得佛门真传并创立自己的佛教教宗的先天条件了。”[4]

第三，陆经多为北传佛教之大乘，海经多为南传佛教之小乘，因之，较早传入的陆经南下与海经相汇，形成了岭南大小乘佛教相融兼修的独特景象，于是，“中国第一个大小乘兼修的僧人康僧会、第一篇兼述大小乘经义的汉传佛教论文《理惑论》……产生于岭南，是海上佛经之路与岭南文化在佛教史上发挥‘兼容’作用的初始里程碑。”[5]这是其他地方鲜有的。

岭南作为佛教海路来华的“西来初地”，对中国佛教发展的作用和贡献不言而喻。

岭南——中国之南方佛国

岭南虽偏于边陲，却是中国佛教的重镇，可称为中国的南方佛国。因为在这块土地上，曾谱写了不少在中国佛教禅宗史上厚重而又闪亮的篇章。

一、岭南是高僧大德云集之地

在历史上，历代不少高僧大德心怡和向往岭南，为岭南的佛教禅宗的发展筚路蓝缕、躬身践行，从而使岭南的佛教禅宗传续不断、生机勃发。这些人中，既有生于斯长于斯的本土僧众，又有翻山越岭而来的岭北名僧，更有泛舟蹈海而至的西域祖师。安世高、强梁娄至、康僧会、迦摩罗、求那跋陀罗、真谛、金刚智、不空等西域大师，将佛教的种子播撒在岭南大地。东晋时的慧远大师在入住庐山之前便曾“欲往罗浮山”。[6]后有不少高僧飞锡罗浮，“在南北朝之前，作为名山的罗浮已经吸引了相当大范围内的高僧向它集聚，使它成为一个佛法较密集的所在”。[7]中国禅宗六代祖师中，初祖菩提达摩在广州、三祖僧璨在罗浮山活动，六祖慧能长期在岭南弘法。唐宋时期的石头、大颠、鉴真，明清时期的憨山、大汕、天然，近当代的虚云、印顺、本焕、佛源等大

陈兵：生与死——佛教轮回说，呼和浩特：内蒙古人民出版社，1994年11月.

[4] 周祯祥：《岭南文化和南宗禅》，《中国佛教二千年学术论文集》，广东省佛教协会出版。

[5] 刘伟铿：《海上佛经之路的开辟对惠能禅宗形成的重要贡献》，林有能、霍启昌编：《六祖慧能思想研究》（二），香港出版社，2003年。

[6] 《高僧传》卷六《慧远传》。

[7] 张伟然：《南北朝时期岭南佛教的地理分布》，《中国佛教二千年学术论文集》，广东省佛教协会出版。

师，均是各时期振兴南宗祖庭、中兴中国佛教和传播中国佛教的巨擘。

这些高僧大德云集岭南，不仅推动岭南本土佛禅文化的萌发和前行，更凸显了岭南在中国佛教发展中的地位。

二、广州是中国早期三大译经中心之一

佛经的传入，不管是陆经还是海经，均要经过汉译方可为广大信众所认识。所以，译经成了早期来华的西域僧人的一项重要任务。洛阳、南京和广州是中国早期三大译经中心。而据上文，海经入华的量可能大于陆经，这就赋予了广州译场的使命和地位。

广州之有译经始于何时似难稽考，东汉时的安世高在华二十余载，译经达三十余种，曾两次来广州；又安世高所传乃小乘安息法门，与海经多系小乘经典相吻，因之，其所译佛经中，有部分可能在广州译出。安息居士安玄于东汉时从海路来华，与严佛调于181年译出《法镜经》、《阿含口解》。三国吴末，支疆梁接南下岭南交州，译出《华法三味经》，是为《华法经》之首译。约2 81年，强梁娄至在广州译出《十二游经》。东晋时罽宾僧昙摩耶舍在广州王园朝延寺（今光孝寺）建大殿，“在此寺奉敕译经，武当沙门慧严笔受”，译出毗昙宗经典。南北朝刘宋时，求那跋陀罗在制止寺（今光孝寺）“始创戒坛，立制止道场”，“奉诏译《五百本经》、《伽毗利律》”。[8]

在广州译场中，尤其要关注的是被称为中国佛教史上四大译家之一的真谛。他在华历梁、陈两代，二十几年，其中寓居岭南十余载。《续高僧传》谓：“谛在梁陈二代，凡二十三载，所出经论记传，六十四部，合二百七十八卷。余有未译梵本书，并多罗树叶，凡有二百四十箧，若依陈纸翻之，则列两万余卷，今见译讫，止是数箧之文，并在广州制旨王园寺。”[9]而《光孝寺志》载：“陈武帝永定元年，西印度优禅尼国波罗末陀三藏，陈言真谛，来游中国，至广州，刺史欧阳頠，延居本寺。请译佛经《阿毗昙》、《般若金刚

[8] 《光孝寺志》卷二《建置志》。

[9] 道宣：《续高僧传》卷一，《真谛传》

经》、《无上依经》……，共计四十部”。[10]可见，真谛所译佛经中，大部分在广州译出。

三、达摩禅始于岭南而又终于岭南

菩提达摩遵其师父般若多罗之嘱，蹈海东来，首抵羊城，建西来庵（即今广州华林寺），带来全新的“一乘禅”，后北上河南少林，面壁九年，是为中国禅宗初祖。其禅法和衣钵经二祖慧可、三祖僧璨、四祖道信、五祖弘忍，代代相传，至六祖慧能而终成南禅——中国佛教，即达摩所说的“一花开五叶，结果自然成”。[11]达摩禅所走过的路线是：岭南——河南（一祖达摩）——安徽（二祖慧可、三祖僧璨）——湖北（四祖道信、五祖弘忍）——岭南（六祖慧能），从岭南始而又以岭南终。从中透出一个有趣的现象：印度佛教或者说印度禅进入中国后，经过与中国文化的冲突斗争、调和融洽而最终成就有中国特色的佛教，或者说完成了佛教中国化的过程，它的地方不是在中国传统文化核心圈的中原大地，而是在核心边缘、被视为化外之地的岭南；其代表人物不是饱读诗书的圣贤，而是文盲樵夫慧能，确实耐人寻味。

四、“佛”之称谓始于岭南

印度梵文“Buddha”，最初汉译为“浮屠”， 是谁、在什么地方首先转译为“佛”呢？这与岭南有关。

研究显示，东汉时岭南人牟子撰《理惑论》，首次把“浮屠”转译为“佛”。牟子这一转译，是对中国“佛”字创造性的发挥，从中折射了岭南民俗和粤语发音的功用。首先，依《说文解字》，“佛，见不审也，从人，弗声”。也就是说，“佛”之最初本义是看不清楚的神秘之人，即《山海经图赞》所载岭南土著部族之一的“万”人，后来演变为山越的祖先神。牟子在广信（今广东封开）选中了这一个具有“巨人、多变”两个特点、又没有被纳入儒家圣人和道家仙人系统的岭南土著民族祖先神的名字，用来表述梵文

[10]　《光孝寺志》卷二《建置志》。

[11]　《祖堂集》第70页，郑州：中州古籍出版社，2001年10月。

Buddha，开创了佛教文化与世俗信仰沟通的思路。[12]

其次，从音韵学来分析，把梵文Buddha从初译“浮屠”而转译为“佛”，是粤语的读音。罗康宁在《粤语的文化价值》一文中提出，“佛”在《切韵》为“奉”母，“臻”摄合口三等韵，入声，即vat。而根据古音韵的规律，“奉”母在上古雅言中应发为全浊塞音b。东汉时已在广信形成的粤语，保存古代雅言的音系，“佛”字读音的特点，在粤语中全部保存，故读为bat，与梵文读法一致。“浮”虽然声母与“佛”相同，但为“流”摄开口三等韵，平声，故没有塞音韵尾。可见牟子将“浮屠”改译为“佛陀”，简称“佛”，是完全依照当时粤语的读音，且十分准确。还有把梵语namas译为“南无”，也是完全按照粤语的译音，梵文粤语读音相近，而在中原汉语中，“南无”则读成nanwu，与梵文读法有明显差异。[13]

以“佛”字来表述和称谓梵文Buddha，始于岭南，渐及全国，遂成定例，历近两千年而不替。岭南文化对中国佛禅文化之贡献昭然卓著。

此外，对“观世音菩萨”的称呼，无论东南西北，前缀多冠“南海”两字，即“南海观音”，这是否也与岭南之南海有涉，有待考辨。

岭南——中国佛、佛经的诞生地

中国有自己的佛吗？有，他就是禅宗六祖慧能；中国有自己的佛经吗？有，它就是《六祖坛经》。

之所以说六祖慧能是中国的佛，是因为：一，依佛教义理，佛，觉也，佛就是觉悟了的人。六祖慧能在黄梅，听五祖解说《金刚经》，“至应无所住而生其心，慧能言下大悟”。[14]慧能曾直言：“我于忍和尚处，一闻言下便悟，顿见真如本性”。[15]而“识自本心，见自本性，即名丈夫、天人师、佛”。[16]

[12] 刘伟铿：《梵文Buddha译为“佛”始于广信》，《肇庆学院学报》2001年第一期。

[13] 罗康宁：《粤语的文化价值》，见林有能、江佐中主篇：《广府文化与改革开放研究》第69页，香港出版社，2010年5月。

[14] 宗宝本：《六祖坛经·行由品》。

[15] 宗宝本：《六祖坛经·般若品》。

[16] 宗宝本：《六祖坛经·行由品》。

所以，慧能是觉悟了的人，就是佛。二，广大信众已共认六祖慧能是佛。当慧能在韶州大梵寺为官僚道俗善信升坛说法，并为大众解答疑问时，所有在场善信“一时作礼皆叹：善哉，何期岭南有佛出世”。[17]三，经、律、论乃佛教之三藏。经，是佛的言说；律，是佛制定的戒律；论，是解说经的言论。也就是说，只有佛的言说才能称为“经”。据此，在中国所有佛禅典籍中，三祖僧璨的《信心铭》、四祖道信的《入道安心要方便法门》、五祖弘忍的《最上乘论》、神秀的《观心论》等均不能以“经”的权威而成为禅宗的宗经，只有六祖慧能的《坛经》是唯一被称为“经”的经典。“经”为佛所说，故慧能就是佛。四，西域的智药三藏在光孝寺栽种菩提树时预言今后有肉身菩萨在树下剃度，开演上乘，此肉身菩萨即慧能；达摩说“一花开五叶，结果自然成”，预示至慧能这一叶开出时，中国的佛教将成正果；五祖弘忍大师感知慧能成为中国佛教的教主而嘱其衣钵传到他此为止，不再下传；大文豪柳宗元说“言禅者，皆本曹溪”，[18]把慧能的南禅视为中国禅宗的本源。如此等等，皆说明慧能的南宗禅等同于中国佛教，慧能是中国佛教的创始人，是中国的佛。

赵朴初：佛教常识答问，西安：陕西师范大学出版社，2010年2月.

至于《六祖坛经》，乃中国唯一被称为“经”的典籍，是中国的佛经，已为学界和教界所认肯，自不用赘言。

慧能的一生，除了在黄梅五祖寺八个余月，均在岭南度过，是岭南的山水孕育了这位中国佛；《六祖坛经》是慧能佛禅理论和弘法的实录，最后在其弘法道场南华寺和其故居国恩寺辑录而成。所以说，岭南是中国佛、中国佛经的诞生地。

岭南——南禅向外传播的始发港

六祖慧能的南宗禅，产生于岭南，又从岭南开始向外传播而成为中国的佛教，并走出国门，流布五洲，影响世界。

---

[17] 宗宝本：《六祖坛经·般若品》。
[18] 柳宗元：《曹溪第六祖赐谥大鉴禅师碑》。

文献所载，六祖慧能有成就的法嗣四十三人。六祖圆寂前，曾对其中十弟子说："吾灭度后，汝各为一方头"。[19]吩咐他们到各地去弘扬南宗禅。

首先，有部分弟子留守岭南，护持着南禅祖庭和宗旨，让南禅在本土扎根生长。如法海、令韬在韶州南华寺，前者自称"兼受无相戒弘法弟子"，辑录、整理成《坛经》，使这一中国唯一的佛经流传于世。后者日夜护卫着六祖大师的真身，虽皇帝诏请入宫供养也婉辞不赴。南海人智道禅师则回广州传播南禅。智常禅师入端州高要鼎湖山创白云寺，为鼎湖山之开山祖："唐智常禅师……得法于曹溪，归隐白云寺，从之游者人各一招提，招提凡三十六。"[20]等等。

其次，大部分弟子走出岭南，把南禅传播到全国各地。其中神会、行思、怀让三人对光大南禅居功至伟。

神会禅师在六祖大师入灭后，孤身北上，在北宗势力的腹地河南开"无遮大会"，与北宗弟子就禅宗正统问题展开论战，并取得胜利。神会的贡献在于：一，确立了南禅作为中国禅宗的正统地位；二，神会北上论战，实际上是揭开了南禅北传的序幕。神会还在南阳、洛阳等传播南禅，创立南禅荷泽宗，难怪后来为六祖大师写碑铭的大文豪王维发出"南阳有大德"的惊叹了。

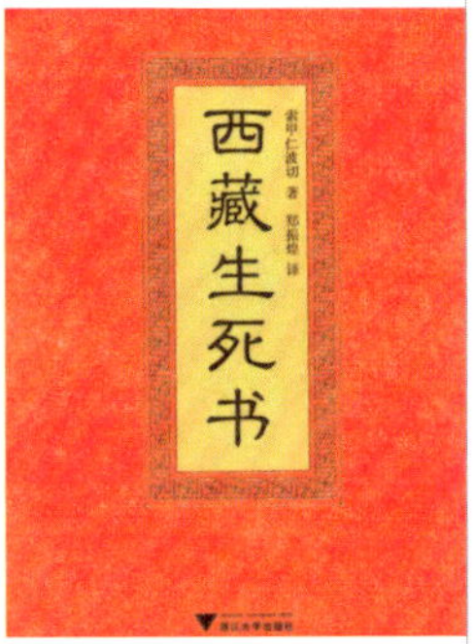

索甲仁波切：《西藏生死书》，杭州：浙江大学出版社，2011年4月.

行思禅师到了江西吉州青原山弘扬南禅，经其接法弟子、岭南高要的石头希迁发扬光大，在这一法脉传续中，开出南禅"五叶"中的三叶——曹洞宗、云门宗和法眼宗。

怀让禅师越岭北上湖南衡山播撒南禅，经其法嗣马祖道一这头马驹的"踏杀"，[21]在这一法系传承中，开出了南禅"五叶"中的二叶——临济宗、沩仰宗。临济宗又衍生出黄龙派和杨歧派。

这样，南禅"一花开五叶"，形成"五家七宗"，南禅刹宇遍布大江南北，其中临济、曹洞二宗历千年而不衰，成"临济甲天下，曹洞半边天"之气

[19] 敦煌本《六祖坛经》。
[20] 阮元《广东通志》卷230高要县庆云寺条
[21] 印度第二十七祖般若多罗的谶语，见宗宝本：《六祖法宝坛经·机缘品》。

象，迄今仍枝繁叶茂，南禅弟子遍天下。[22]

第三，南禅迈出国门，走向世界。

慧能南禅对域外的影响，首先是从山水相连的东、南邻开始而逐渐扩展的。朝鲜佛教虽在四世纪就由中国传入，但在朝鲜影响最大的则是南禅的各宗派，至高丽时期，更是把各宗派合并为“曹溪宗”，可见六祖慧能于朝鲜佛教影响之大。现今存世的德异刻本《六祖坛经》乃高丽（朝鲜）之刻本就不足为奇了。

禅宗传入日本始于8世纪，至镰仓时代（1192—1333年）才真正发展起来，慧能南禅法系的临济宗、曹洞宗和黄檗宗在日本的相继兴盛，带动了日本禅宗流派的勃发，达20多个，成为中国禅宗在域外影响最深、最广的地方。而且禅宗对日本的影响，不仅限于教界自身，而是整个日本文化和大和民族的日常生活。如日本的茶道、花道、武士道、服饰等无不闪烁着禅光。

越南的佛教有海路印度佛教和陆路汉传佛教的双重影响，但南禅的临济宗和曹洞宗却占主要地位，如明末清初的曹洞宗第二十九世、广州长寿寺主持石濂大汕禅师说：“卢祖（即慧能）归庾岭，宗风日向南”，“大鉴（即慧能）当年庾岭回，于今吾道又南开”。他于阮氏王朝时去越南传教，信众达二千余人，得阮王礼敬，赠金帛无数。

【美】芮沃寿：《中国历史中的佛教》，北京：北京大学出版社，2009年6月.

禅宗对欧美的传播，日本人和华侨起着中介的推动作用。1893年，日本僧人释宗演出席世界宗教大会，对禅宗进行了推介，从此引起了美国人对禅宗的关注；禅学硕德铃木大拙对禅学研究的贡献，直接推动了禅宗在美国的漫衍。此外，美籍华人对禅文化的译介也作出巨大的贡献。但发展到后来，美国善信发现，经日本而来的禅宗已变了味，于是又纷纷前来南禅发祥地——广东，以求得原汁原味的南宗顿教禅法。

六祖慧能禅法走向世界的另一个表征是《六祖坛经》在世界的传播。自

[22] 笔者与五台山佛教协会会长妙江法师座谈时，他说所有禅宗弟子都是六祖慧能大师的徒子徒孙，此言不虚。

1930年黄茂林英译《六祖坛经》，先后在多个国家和地区出版发行，开了英译《坛经》之先河，到目前为止，已有十余种英译版本。除英译本外，还有韩、日、法、德、西班牙等文译本。林光明教授在其英译本中说："依佛经翻译成外语的次数多寡排名……第一名当然是《心经》……排名第二的应该是非《坛经》莫属"。"蓝卡斯特教授也说：《坛经》是西方世界最熟知的佛教经典之一"。[23]

南禅——中国之佛教——发源于岭南，又从岭南走向全中国、走向世界，成为中华文明和世界文明史上的奇葩。

[23] 见林光明等编译：《六祖坛经及其英译》，台湾嘉丰，2004年，第4页。

道教

DAOJIAO

“道可道，非常道；名可名，非常名……”，从《道德经》的吟诵之中，我们能够想象道教是以道为教，崇尚道法“自然”、清静无为。如史家所论，“道家使人精神专一，动合无形，赡足万物。

编者按

和光同尘

HEGUANG TONGCHEN

和的智慧——广东宗教文化行·道教

10

文革中周总理指示保护冲虚古观

37岁道士中医大学毕业

成立道教养生研究院

道士教太极吸引都市人

“道可道，非常道；名可名，非常名……”，从《道德经》的吟诵之中，我们能够想象道教是以道为教，崇尚道法自然、清静无为。如史家所论，“道家使人精神专一，动合无形，赡足万物。其为术也，因阴阳之大顺，采儒墨之善，撮名法之要，与时迁移，应物变化，立俗施事，无所不宜，指约而易操，事少而功多”。然而，步罡踏斗、掐诀念咒、呼风唤雨、召神劾鬼的道术，却给我们留下了道教的另一种印象和理解。

鲁迅曾说：“中国根柢全在道教”，虽说这不是溢美之词，却能道出道教在中国文化和中国人的生活中的重要位置。而马端临所言的道教“杂而多端”的品格，又道出了道教文化的庞杂和包容。

自张道陵创五斗米道至今，道教已有1000多年的历史。现在看来，道教所承载的，并不仅仅是一个教团组织及其教理教义，在某种意义上，它更为全面而系统地承载着中国传统文化，深深地扎根于中国人的文化生命之中。

11 “和的智慧——广东宗教文化行”·道教 南方日报

春节摸太岁 争上头炷香

道观设董事会 道长又称主任

广东最古 天文台

最受老广欢迎的“外地人”

“托梦”道长 寻得千年神树

岭南作为历史上的化外之地，道教文化的传统却源远流长。晋代的葛洪开创了岭南道教的风气，隋唐时期修道于罗浮山的苏元朗也是道教内丹学的创始人之一，清初的杜阳栋建立了全真道在岭南地区的道场，晚清的李明彻也因其卓越的天文学贡献而名垂青史。

“道法自然”、“天人合一”……当人类越来越为复杂的生态问题、社会问题、政治问题纠结的时候，道家先贤的声音一次次萦绕在人们耳际。美国著名物理学者卡普拉曾如是评论：“在诸伟大的宗教传统中，道家提供了最深刻且最完善的生态智慧”。其实，道家道教所提供的不仅仅是生态智慧，而是一个巨大的智慧宝藏，其中蕴藏的政治智慧、管理智慧、生活智慧、军事智慧……俯拾可得。道教所提倡的和的智慧——和谐、和顺、中和之道，更是我们今天所要撷取的宝贝。在这次道教文化之旅中，我们能够领略道教超越性的人生智慧，也会体验到道教济世利人的入世品格。

起而径行

QIER JINGXING

记者手记

葛洪开岭南道教一派风气

在道观里，人们有时可以看到孔子、释迦牟尼和老子等儒、释、道三家圣人同时被供奉，有时又能看到面熟的“观音菩萨”。提到这些儒释道三教合流的现象，就不能不谈到葛洪。

众所周知，在广东流传最广的道教是由王重阳创立于金代，倡导道、儒、释三教合流的全真派。但是，在道教历史上，兼收儒墨名法各家之长，集丹鼎派仙道学说之大成，创岭南道教一派风气之先的，却是葛洪这位里程碑式的人物。

“道者儒之本也，儒者道之末也。”葛洪是魏晋以来神仙道教最杰出的代表和集大成的理论家。他著有传世名作《抱朴子》，他的思想出入道儒，学兼内外，一方面期于丘园，逍遥高蹈，想做一个远离尘世的隐士，一方面又未免邦家之思，不忍独善其身，忧国忧民之情溢于言表。

葛洪的弟子众多，今能查考的有腾升、安海君、望世、黄野人等，广东道源，自此绵延成流。这与葛洪的家庭背景相关。他出身于江南破落世家贵族，公元306年为避中原战乱南迁广州。其祖在三国吴时，历任御史中丞、吏部尚书等要职，封寿县侯。其父悌，继续仕吴。吴亡以后，初以故官仕晋，最后

迁邵陵太守，卒于官。葛洪为悌之第三子，颇受其父之娇宠。年十三，其父去世，从此家道中落。自幼喜读经史，熟读《孝经》、《论语》、《诗》、《易》等儒家经典，还学习“望气”、“卜卦”。

“上士得道于三军，中士得道于都市，下士得道于山林。”作为一个出身于江南破落世家贵族的道士，他提出，通过修炼可以获得长生，身体不伤，是最大的孝道。不能单纯地从修炼方术入手，人生的抱负也不能仅仅是遁隐山林，要想真正修炼成仙还要建功立业、修身齐家治国平天下。主张在现实社会生活中获得精神解脱和练得肉体飞升，既做到立时济世，又得超凡入圣。总之，一方面，葛洪沿用《老子》的哲学范畴，将玄学与道教神学、方术与金丹、丹鼎与符、儒学与仙学统统纳为一体之中，确立道教神仙理论体系；另一方面，他的道教理论还融入了儒家的纲常名教，宣扬道教徒应以忠、孝、仁、信等儒家纲常为本，以修德行。

粤港澳共推道教发展

改革开放后，中国大陆地区的道教再一次获得了发展。广东道教界在坚持“互不隶属、互不干涉、互相尊重”的原则上，“先行一步”，与同根同源的港澳台道教界友好交往，促进了两地道教事业的健康发展。

其实，在中国近现代历史上，道教通过广东对港、澳和东南亚地区均具有巨大的影响。香港的道教最初即主要来源于广东迁港的道教信徒。改革开放之后，港澳地区开始以独特的方式对广东道教的发展发挥积极影响。最初只是一种经济上的影响，港澳同胞、海外华侨回乡探亲，捐款捐物重建、修缮庙宇道观。例如，香港圆玄学院先后出资修缮了罗浮山冲虚古观、兴建广东圆玄道观，而梅州赞化宫恢复宗教活动则与泰国华侨回祖庭参拜、支持分不开。

为使道教活动早日制度化和规范化，中国道教协会于1992年制定了《道教宫观管理办法》，要求道教每个宫观建立由住观道士民主选举产生的宫观民主管理委员会，负责管理宫观的内部事务，实行民主管理。为使广东道教走向成熟和完善，各地道教组织也积极制定各项

管理制度。其中，广东圆玄道观借鉴了香港圆玄学院的董事会管理体制，引领了新时代道教宫观管理的潮流。

在香港，圆玄学院是香港道教联合会的主要团体会员，也是香港有较大影响的宗教团体，以忠、孝、仁、爱、礼、义、廉、耻八字为宗旨，发扬道教济世利人的优良传统，以慈善性福利事业为重，进行文化社会服务及慈善事业，在港开办了多所中、小学和幼儿园。对于大陆宗教学界来说，圆玄学院最大的特色就是实行董事会制度。

由香港圆玄学院出资兴建的广东圆玄道观，理所当然地借鉴了圆玄学院的董事会制度。这里设有董事会，下设管委会，由管委会主任负责道观的教务和行政管理工作。管委会下又设立了办公室、园林部、清洁部、保安部、功德部、经忏部等多个部门，并设有部门主管。每天早上8点50分到9点半，道士们要做早课，学习经文、科仪等，除了有宗教仪式、神仙诞辰等特殊日子，平时他们要回到自己的工作岗位上。专家认为，这种管理制度对于未来宫观寺庙的管理模式具有很强的探索意义。

中医大学毕业的年轻道士

山不在高，有仙则灵。

东江之滨的罗浮山，飞瀑幽岩秀冠南粤，被史家司马迁比作“粤岳”，排名仅次于五岳，又因大文豪苏东坡的“罗浮山下四时春，卢桔杨梅次第新。日啖荔枝三百颗，不辞长作岭南人”的佳句而扬名。现代孙中山、周恩来和陈毅等也曾留下足迹。

但真正使罗浮山成为“岭南第一山”、“道教第七洞天”的，还是因为有“仙人”葛洪。

公元326年，晋代道家葛洪再次南下广东，携妻鲍姑在罗浮山辟山筑庵，建炼丹灶，度过了十多年的“神仙丹鼎”的生活，在此终老。

走进山脚的冲虚古观，葛洪和鲍姑面带微笑，安坐葛仙殿中，守护着他当年草创的古观。旁边还有他的弟子——黄大仙的殿堂，享受着香港市民追寻而来的鼎盛香火。

冲虚观住持、广东省道协会长赖保荣一身道袍，与我们细说这座岭南道教祖庭的沧桑劫难，以及重光的种种艰苦。

抗日战争年代，这里曾经是东江纵队的司令部。“文革”时红卫兵冲击三清宝殿，周总理明确指示保护冲虚观，使其得以完整保存至今。白墙青瓦积淀下1600多年历史内敛的宁静，袅袅青烟在游人散后继续书写道的淡泊。

观中的“长生井”、“洗药池”、“稚川丹灶”，是葛洪留下的。“丹灶三年火，苍崖万岁藤。”他与鲍姑这对“神仙伴侣”在此燃起紫烟，炼就了“殷勤不为学烧金，道侣惟应识此心”的精神。

赖道长说，道教强调贵己养生。不少宗教都把人世比作苦海，诱导苦难者把希望寄托在彼岸、天国，祈望灵魂得救，来世幸福或者进入永恒的极乐世界。而道教的人生观则大不一样，认为人能生活在现实世界是一件乐事，能长寿更为大乐。因此道教主张乐生、重生、积极争取长生。为此要循道修炼，争取延年益寿。

可惜百年来，风流总被风吹雨打去。言谈中，赖道长对道教的近代流变和年轻人才缺乏，颇多唏嘘。

不过，年轻的有缘人还是有的。在罗浮山腰气势恢弘的黄龙古观，我们见到了37岁的道士梁俊雄。这个淳朴的“广州仔”自小喜欢听电台播讲《西游记》、《封神榜》，从广州中医药大学毕业后，跑到罗浮山出家，是目前全省不多的正式受戒者。他年岁虽轻，但修行虔诚，在同道中颇得好评。

梁道长刚从崂山参加玄门论道归来。他论道的题目很朴实：《度人先度己，正己后正人》，切中当前宗教世俗化、名利化的时弊。递上一杯清茗，梁道长微笑着说：广

东道教目前基本是传承全真教派。祖师教导，要“戒行精严”。“自古大圣贤，莫不以戒摄心。”这个戒字，是降魔之杵、护命之符、引路之灯。

他说，现代社会的运作依靠法律制度来维持，但有些时候，法律制度也会无能为力，最后的希望就是道德了，而宗教应该是道德有力的捍卫者。既入道门，理应努力提高自身的道德修养，在社会大众的眼里树个榜样，在社会大众的心里留个希望。“我们自己都还没有修好，度己尚且不能，又如何能度人呢？”

是啊，度人自度，但在一心。访道罗浮山，扫去灰尘落满的心间，山间的和谧肃静会涌上心头。

道士教太极　吸引都市人

近年来，富起来的中国人越来越重视养生文化。重庆缙云山上，年轻的道士李一以“道医”文化引来马云、王菲、张纪中等名人，名噪一时。而在广东，道教养生文化热还在起步阶段。罗浮山刚成立了道教文化研究院，而新会紫云观的三丰太极拳则在香港有不少拥趸。

40多岁的紫云观住持刘嗣传，追随武当内家拳师郭高一学道，是武当三丰太极拳的传人。他2002年来广东新会紫云观主持教务，曾去韩国、新加坡等地传授太极拳。多次举办培训班吸引了不少港澳人士。

刘道长认为，太极拳风靡世界，但很多其实只是一种“太极操”，一种肢体运动。人们除看到太极拳的优雅表象和健身价值外，更应该明白它的人生意义。富有中国传统文化内涵特别是受道家道教影响的太极拳修炼，对人生启发和修炼的意义不可低估。阴阳平衡的气血、清静温和的心态、以柔克刚的方式，有助于身心和谐。

他起身演示，动作如行云流水，舒展愉悦。他解释说，太极拳讲究静势与动态的平衡，基本八法(掤、捋、挤、按、采、挒、肘、靠)和“五字要诀”(心)静、（气）敛、（神）聚、（身）灵、（劲）整，使演练者明白了“立身需中正不偏，方能八面支撑”，“舍己从人”、“随曲就伸”、“粘连黏随”，培养着人的宽容谦和。

“我们的现代生活，面对各方面的是非矛盾、物质和精神的压力，怎样用‘玩太极’的心态来调剂，也是一门生活的艺术。”刘道长说。

百观扶百家　慈善亦有道

《庄子·天道》曰："天之道，损有余而补不足。人之道，则不然，损不足以奉有余。"在这里，庄子把是否维护平衡上升到人道与天道根本区别的高度。如果说公益慈善事业是社会稳定和谐的一个平衡器，来自道教界的慈善行动就是其中的一个。

广东道教界的慈善活动向来比较活跃。在今年的"广东扶贫济困日"捐款活动中，广东道教界即捐出了180万元。从2008年起连续三年，广东道教界每年帮助

200多名少数民族地区贫困大学生完成学业；支持少数民族地区新农村建设，为广东雨雪冰冻灾区、四川汶川地震灾区、台湾中南地区灾区、青海玉树地震灾区等捐款捐物，帮助灾区人民重建家园。据不完全统计，2005年至今，我省道教界人士在扶贫救灾方面捐资500多万元。

道教界在我省的慈善活动，也并不仅仅是捐钱。2008年至2009年，广东省道教协会在全省开展了“百观扶百家”活动，该活动顺应了社会发展的需要，得到了各宫观的支持配合，他们根据宫观自身的经济状况和当地的生活条件，制定了帮扶计划并逐步落实。截至今年9月，全省各宫观已落实帮扶资金80多万元，共有81户特困户、54名特困学生得到资助。

在10月份的2010广东道教文化节期间，举办了道教音乐晚会、道教书画展、道教文化研讨会、重阳千人斋宴等活动，进一步弘扬道教优秀文化，着力打造我省道教文化品牌。这是广东道教界配合文化强省建设，积极开展“建设和谐宗教，服务广州亚运”系列活动之一项重点工作。

三元宫：春节摸太岁　争上头炷香

提起三元宫，人们马上就会想到，这是广州此前唯一一家有“值年太岁”的宫观。每年春节期间都有数以万计的人来这里摸太岁。为什么老广热衷于此？

依道家所说，天、地、水为三元，“夫混沌分后，有天、地、水三元三气，生成人伦，长养万物”。又有上元天官(尧)、中元地官(舜)和下元水官(禹)之说，三官神在道教中享有崇高的地位，而民间又普遍信奉天官能赐福，地官可赦罪，水官会解厄运。因而一年四季香烟缭绕，到了三元诞的日子，这里更是人声沸扬，香火很旺，善男信女来此参拜神仙，祈佑平安。

三元诞中以正月十五的上元诞最为热闹隆重。一早，来自四面八方的善信香客便蜂拥而来，聚集三元宫门前，希望能烧“头炷香”，获得天官保佑赐福。农历七月十五是中元诞，是赦免人间罪恶的日子。当天又是人头涌涌，来进香礼拜者络绎不绝。十月十五的下元诞是三元诞中最后一个诞日，是下元水官的诞辰。道教认为这天是水官救难解厄运的日子，同样有许多善男信女们聚集到三元宫来朝拜三元大帝。

2009年春节期间，数万名老广都趁“上元节”到三元宫拜“天官”，希望能得到“天官赐福”。在这一年，由于人多拥挤，三元宫不得不让太岁“闭门”休息一日，很多市民只能远远掷硬币代替“慑太岁”。

老百姓为何喜欢摸太岁呢？原来有一种说法，人的年庚若与值年太岁相同，民间称为“犯太岁”；年庚对冲者，则叫“冲太岁”。相传无论是哪一种，在那一年里必定百事不顺，因此务必要拜奉太岁星君以保平安。

三元宫人气之所以这么高，还因为葛洪、鲍姑这一对善于治病救人并为岭南百姓世代尊敬的“神仙”情侣。葛洪在历史上是一个传奇人物，是一名道教理论家、医学家和炼丹术家，自幼好神仙寻养生之术，年未过40，便著有《抱朴子》内外篇70卷、《金匮药方》100卷、《肘后备急方》等著作。他在书中记载了天花的症状和恶性传染，比西方医学史家原来认为最早记载天花的阿拉伯医生雷撒斯的记载早了近500年。而葛洪的妻子鲍姑，亦精于医道，是我国医学史上第一位女针灸学家。鲍姑一生几十年都是在广东度过的，为了采药、行医，她足迹遍及南海、番禺、博罗、惠阳等地。她医术十分高明，老百姓都亲切称她为“女仙”、“鲍仙姑”。后鲍姑患急病而死，后人在越秀山下建“鲍姑祠”纪念她，她用过的井被称为“鲍姑井”，又叫“虬龙古井”。可惜现在这祠不复存在了，而三元宫内却建起了纪念她的“鲍仙姑殿”。

纯阳观朝斗台：广东最古天文台

在中国古代道士当中，不乏优秀的医学家、天文学家和化学家。纯阳观开山始祖李明彻(李青来)(1751-1832)即为之一。李明彻是广东番禺人，曾在京师拜钦天监为师，博学多才，知古通今，研究天象。因此，《圜天图说》(当时的天文学代表作)、朝斗台(目前广东最古天文台)，成为纯阳观的镇观之宝。

《圜天图说》是古代广东唯一的一部天文学专著。书中对太阳系诸星位置及运行，日食月食的成因，昼夜节气的变迁都有详细的说明，并对季节、天象、海洋、火井、温泉、潮汐的成因，以及日月食之周期进行了科学的解释。全书收入有关地球、日月、星辰及雷雨、地震、潮汐等方面的论文共81篇，对京都顺天府、江宁府、苏州府及山东、安徽等16个府地的日出、日入、二十四节气时刻的测定记录，做了详尽的记载，对于各地的农耕、民事都是一份很有价值的资料。

这本书还配有插图，特别是绘有全国地图、京城地图及全国大部分省的地图。

时任两广总督的阮元看过此书之后，大为赞赏，认为“道士精于天文而有成就者，六朝张宾、傅任均而后，唯有李明彻一人。”他为之写了序言，《圜天图说》于嘉庆二十四年(1819)出版。

据悉，为了寻找《圜天图说》，纯阳观费了多年心力，多方打听，终于从民间收藏家手里找到了一本复制书，已将书内的80幅广东天象图雕刻出来，陈列在天文台旁边，供广大市民参观。

而在纯阳观重修的大殿后，记者看到了一座古旧的建筑，它就是广东最古老、最完整的天文台——朝斗台。这座四方形的碉楼式建筑，与纯阳观同时建于清道光四年(1824)，全部用青灰色石块构筑建成。朝斗台位于漱珠岗的最高处，台高8米，楼顶是一个10多平方米的平台，有石梯直达，四周有石栏。朝斗台底层是一石室，门楣上刻有“朝斗台”3个大字。

据介绍，纯阳观的创建者李明彻编纂《广东通志·舆地略》时曾指出，朝斗台是为便于观测气象和星辰变化而修建的观象台。由于它建在山岗的最高处，登台远眺，云山珠水、穗城风物尽收眼底。据了解，朝斗台是广东省最早建立的天文台，比香港的皇家天文台建立还早几十年。朝斗台后有普同墓，内有三元宫开山祖

师杜阳栋、纯阳观开山祖师李明彻等道长的墓葬。

“我来祗及见寒梅，太息今年太早开。花事已随尘世改，苔根犹是旧时栽。名山讲习无儒士，胜地仙家有劫灰。游览总嫌天宇窄，更揩病眼上高台。”当代大史学家陈寅恪游览纯阳观的时候曾经题诗叹息。其实，纯阳观很早就是文人墨客聚会之所。光绪二年(1876)起，两大绘画名家居巢、居廉曾在纯阳观借居创作。两居高徒高奇峰、高剑父、陈树人承继师业，长期在纯阳观作画和研究，最终奠定岭南画派。作画之余，画家还在纯阳观中遍植梅花，并号其名称为“梅社”。每当梅花盛开时，无数善信、附近居民、游客和慕名而来者，络绎不绝。不时会梅开二度，更是士女如云，景色非凡。当年的纯阳梅社是响当当，现在，纯阳观已经重新种植梅树，梅社已经重建，漱珠岗上将重现梅花碧连天的动人景象。

黄大仙祠：最受老广欢迎的“外地人”

黄大仙祠在中国有两个，一是广州黄大仙祠，一是香港黄大仙祠。后者乃香港九龙有名的胜迹之一，在香港及海外享负盛名。前者，始建于1899年，是广州宗教圣地之一。在珠三角、港、澳一带，黄大仙享有较高的声誉。据传，黄大仙本名黄初平，于晋代出生在浙江兰溪，隐居在赤松山修道后，南下旅居广东沿海，是广东的“客家人”。因为常有治病救人、行医施药的善举，在民间，他又被称作“药仙”。

由于黄大仙本人在坊间的“名气”，在清末民国初期，黄大仙祠香火鼎盛，名声远扬。每年，从珠江三角洲的南海、顺德、中山等地都有不少善男信女来此求神上香，求医者、求财者、求子者、求福者众多。因此，黄大仙是最受广州人欢迎的“外地人”，而春节期间的黄大仙祠庙会也往往成为一年中最热闹的时期。

据统计，每年仅春节前半个月，庙祠接待前来的游客就多达10余万人。而100多年前的黄大仙祠庙会，是热闹非凡的盛会，对老广州人而言，它就是过年的一项重要活动。人们说到春节去哪里，最好玩的肯定是逛庙会了。就像龙舟节一样，大家可以聚在一起，很开心地玩乐，放松一下。到黄大仙赶庙会，也是珠三角许多人一年当中的重要节目。新年伊始或是农历8月23日的黄大仙庙会，人们纷纷前来祈福、还愿、叹庙会，手持香烛赶往拜祭和刚拜祭完毕手持转运风车的人流循环不息，成为庙会一景。专家称，庙会时很多外地人在这里吃饭、住宿、娱乐等等，也带旺了周边的经济。芳村花地在历史上是商贸繁盛之地，可能跟黄大仙也有一定关系。

每逢庙会，则吸引数十万人来参加，连香港、澳门等地也有不少人赶来。因黄大仙影响力不断扩大，庙会逐渐成为传统习俗。庙会期间，祠庙正门外会摆开戏台，一连3至7天通宵演出粤剧，每晚都有数千观众前来捧场。此外，还有醒狮队、腰鼓队、杂技队等表演传统节目，而来自民间手工艺人，也在周边摆开了摊档，扎草蜢、做面粉公仔、剪纸，这是小孩子们最中意的玩物。在这期间，黄大仙祠会举行一系列慈善活动，免费为前来祭拜的人派米、送药等。

但由于战乱，广州黄大仙于1912年南迁至香港，庙会随之戛然而止。

广州黄大仙祠自1999年2月重建完工后，仍旧沿袭先前的传统，在每年正月初一至十五及黄大仙诞还会举行庙会活动，前来拜祭的人群也仍是川流不息。每到此时，祠庙附近的道路都会封闭，禁止车辆通行，以保证通行的顺畅。

在这期间，来自道教各名山的道长会在吉时进行贺诞、祈福法事，而先前的一些传统项目也得到沿袭。在黄大仙主殿后搭起的戏台，仍旧请人来表演粤剧。扎草蜢、做面粉公仔、米上刻字等传统手工艺人也被请进祠内，进行民间艺术节目表演和民间手工技艺的展演。义工们继续慈善活动，为前来的游客派米，慈善医院的医生们也会为长者义诊。

圆玄道观：道观设董事会　道长又称主任

广东圆玄道观道长刘少波，有个看起来有些另类的称呼："刘主任"。原来，该观借鉴了香港圆玄学院的制度，设立了董事会。目前的董事会主席赵耀年先生是香港圆玄学院董事会副主席，而管委会主任正是刘少波道长。

据圆玄道观管委会副主任、内务总干事邹培英女士介绍：道观借鉴了企业化的管理，但不以盈利为目的，而是以"扶老携幼、兴学育才"为宗旨，传承道教文化，发扬孝亲敬祖、慎终追远的美德。据了解，圆玄道观所有收入除支付日常运作开支外，都用于公益事业。道观原主席赵镇东先生于1996年向花都教育事业捐赠180万元，1997年捐款800万元在花都市区建了一所大型现代化幼儿园，2000年在原公益小学基础上，捐款1500万元建设

“圆玄小学”，2005年，道观又捐款3000万元，按照广东省一级标准建设“圆玄中学”。此外，圆玄道观还在封开县、云浮市、乐昌市等广东欠发达地区以及贵州、湖南、湖北等地区建有多间“圆玄希望小学”。

为了支持社会医疗卫生事业，赵镇东曾先后代表圆玄道观，向花都区人民医院捐赠总价值260万元的两台奔驰救护车及一批先进医疗设备，向贵阳市捐赠30万元人民币和一辆奔驰救护车；向宁夏回族自治区捐赠20万元和一辆奔驰救护车，总价值310万元。2002年夏天，得知清远市连山壮族瑶族自治县遭受有史以来最大水灾，直接经济损失1.5亿元，圆玄道观赵耀年先生组织义卖活动筹得善款40万元，加上自己捐款60万元合共100万元，支持连山群众恢复生产，重建家园。

圆玄道观还专门设置了存放先灵骨灰的地方。先灵骨灰祠庄严肃穆，为追念祖恩供奉先灵之所。圆玄山庄坐落九潭，为财气凝聚之地，左青龙、右白虎，风水得天独厚，后人福泽绵绵。正所谓：“九潭藏福地，留与有缘人”。道观以现代化管理，由专人悉心照顾，让先人安息于此，享受晨昏香火，常保祭祀丰足，后人即使无暇参拜，亦无后顾之忧。每年农历七月中元节，观内会均举办中元法会，诵经礼忏，荐祖施幽。

华阳观："托梦"道长，寻得千年神树

在揭阳市高湖重化岩紫峰山北麓，一处傍山而起的黄瓦建筑跃入眼帘，这就是粤东道教圣地——华阳观。

溯源华阳观，竟远及千年。华阳观的前生是"重化岩"，北宋时，福建莆田人落籍潮汕高湖村后创建。由于年久失修以及无节制的乱采乱伐等人为破坏，高湖岩在上世纪五六十年代已是伤痕累累，原有的四座宫观坍塌殆尽。

2000年，重化岩经登记成为开放宗教活动场所，取名"华阳观"。

住持张信光道长回忆初见华阳观时的情景，心情仍然沉重。随后，她开始花大量时间和精力保护山体，一边修复重化岩，一边创建华阳观。最困难的时候，观里开支出现大额赤字，张道长从自家兄弟处借来10万元作为启动资金，再加上百方信众的捐赠，开始负债植树造林、兴建宫宇。

历经10年艰辛，现在的华阳观已建成灵霄宝殿、祖师殿(重化岩)、紫峰书院、观音阁。其中，灵霄宝殿内的"神物"更是大有来头。除了一般道观供奉的玉皇大帝、太上老君、纯阳祖师神像外，在灵霄殿的右侧神台上，还敬奉着一段长8米、直径2米的枯木，树干粗壮，用红绸系住，神秘而威严；走近一看，神牌上写着"神树之莲位"。

究竟是"何方神树"，要设台供奉？

这还得从张道长的梦境说起。2004年，张道长开始寻找雕刻"玉皇金身”的木材。某个晚上，她梦见仙姑带着她向东方飞去，降落在宛若仙境的山头，仙姑示意她看前方两棵参天大树，然后会意一笑旋即消失。

梦醒后，张道长开始了漫长的寻树历程。一年后，经过前后20多次的寻找，张道长终于在武夷山发现与梦境所见完全相同的两棵大树，其中一棵为枯死的红豆杉，也就是如今殿堂上所供奉的那段“神树”。张道长说，找到这株红豆杉时，树皮已在12年前被剥，后经专家一测算，树龄竟达1900年。“华阳观能拥有这样珍贵的木材刻制神像，是一种因缘。”

出灵霄殿，沿着山中曲径回廊攀登，转弯处即是祖师殿，这座由重化岩扩建而成的宫殿，前设殿、后倚洞，洞殿融为一体，旧时重化岩的神韵犹存；过石门，入观音阁，洞壁冰凉，烛光幢幢，面前的菩萨低眉，人心生出一种安定；别观音阁，往上攀登，置身于嶙峋怪石之中，想象每块山石、每口洞穴的故事，从“犀牛望月”、“大象制牛”、“五彩神兔”到“洞天胜境”，“山藏仙风、石存道骨”的说法有了印证。

张道长告诉笔者，未来紫峰景区资源将被整合利用，将华阳观一带建成一个大型精品旅游区——华阳观公园、山顶观光区，市民空闲时可上山观光、游玩，领略道教圣地的天然风光。

突然想起祖师殿殿柱上那副柱联——“道生一一生二二生三三生万物”、“人法地地法天天法道道法自然”，纵览华阳观的前世今生，生命纹理始终只有一条：道法自然。千年之前是如此，在如今的现代社会，同样如此。

弘扬道教优秀文化，服务和谐幸福社会

——对话广东省道教协会会长赖保荣道长

广东省1994年创建道教协会，弘扬道教优秀文化。现任会长赖保荣道长是全国政协委员、中国道教协会副会长、罗浮山冲虚观住持。他上世纪80年代初在北京参加中国道教协会首期专修班，婉谢挽留回到家乡惠州，苦心重光道教祖庭。说起文化强省建设，赖道长呼吁政府要重视支持弘扬以葛洪为代表的广东道教“仙道养生”文化，而对于道教人才缺乏问题则不乏忧患之思。

记者：一般人都会觉得道教有些神秘，容易想起炼丹、做法事、茅山道士。

赖保荣：现在一些影视作品中道士形象不是太好，好像大多与占卜算命、斋醮符箓等迷信活动分不开。这种现象引起了中国道协的关注，曾致函文化部门，希望正确引导。

其实作为土生土长的中国宗教，道教文化博大精深，老子一部《道德经》5000字，就影响了中国人几千年。鲁迅先生曾说“中国根柢全在道教”，又说懂得道教也就“懂得中国大半”。中国人要认识自己，就要认识道教。

记者：在当今社会，道教文化思想有什么积极作用？

赖保荣：道教蕴含的中华民族文化精髓是什么？概括起来，就是尊重自然、关爱生命、和谐宽容。现在要建设和谐社会，其实道教一直倡导“和”的思想。我写过一篇文章，专门论述《道德经》的和谐思想。《道德经》第四十一章说，“道生一、一生二、二生三、三生万物。万物负阴而抱阳，冲气以为和”。第五十五章认为“和之至”才能达到“德之厚”，“知和曰常”，“知常曰明”，“不知常，妄作凶。”书中还有许多与“和”相关的概念，组合成“和善”、“随和”、“柔和”、“和气”、“祥和”等观

念，已成为中国文化的精华。

记者：今年的张悟本事件，反映了现在中国的养生潮确实很热。道教对养生也很有研究。

赖保荣：道教强调贵己养生，取法天地之所以长存的自然运化之理，发展出一整套健身长寿的养生术。其中既有吐纳、导引、服食、金丹、养生、练气等养形方术，又有存想、存身、主静、坐忘等养神方法，与中国古代科学特别是医药学、养生学、人体科学的发展有不解之缘。近几十年来，道教的练养术被加以科学的改造，运用于医疗与气功养生，有治病健身、延年益寿的功效，影响日益扩大。我们近两年成立了罗浮山道教养生研究院，希望弘扬这一优秀文化。

记者：道教发展要积极融入社会。

赖保荣：是的。改革开放之初，落实宗教政策，当时广东只有18个重光的道教宫观，108个道士，如今已有192个开放的宫观，近800名道士。但也面临素质不高、人才缺乏的问题。省道协这5年举办培训班，培训了300多名道士，还在全国首设“宣道班”。我们正在积极筹建广东道教学院，希望能得到政府的支持。

我认为，道教是中国土生土长的宗教，道教的发展必须走群众路线。道教要积极融入社会，要让民众能通俗易懂地了解。我们积极参与社会慈善事业，从2008年开展“百观扶百家”活动，已筹集近百万元帮助贫困户脱贫。

现在广东正在建设文化强省，我建议政府要重视支持弘扬道教优秀文化，尤其是以葛洪为代表的“仙道养生文化”，提升文化软实力，促进养生保健、人心清净、社会和谐。

坐而討本

ZUOER TAOBEN

学者论道

保持距离与敬畏的自然和谐观

——从道家与道教的自然观念说起

李大华　深圳大学教授

保护自然，建构和谐社会，这些已经成为当下时尚的话。不过，我们可能很少细想过这些话的来头，比如说我们的自然是在哪个意义上说的，我们所说的和谐是否只是你让一步、我让一步就和谐了，其中有没有一个类似自然而然的过程，以及是否也包括了人与自然的和谐。弄清楚这些问题，有助于我们更清楚的保护自然，更好地建构和谐社会。

一

人与自然，也就是自古以来人们津津乐道的天人关系。自然概念自《老子》提出来到定格我们今天所意谓的人的生存环境有一个过程，其中深藏着道家对天人关系的思考。《老子》说："功成事遂，百姓皆谓我自然。"[1]"道之尊，德之贵，夫莫之命而常自然。"[2]"以辅万物之自然而不敢为。"[3]这几句话在结构上都表明"自然"乃是一个动作，一个自然而然的肯定性动作，它由现象本身所引发出来，不带有任何的人为和主观的成分，因而它就是自己实现自己的过程。《老子》又说："希言自然。"[4]"人法地，地法天，天

[1]　《老子》第十七章
[2]　《老子》第五十一章
[3]　《老子》第六十四章
[4]　《老子》第二十三章

法道，道法自然。”[5]这两句话在结构上似乎把自然作为一个宾词，即作为一个对象来看待，但从前后语意的逻辑来看，仍然是作为动作和过程看待，即一个固定性的动作和过程，如同现代汉语中的动词名词化，“道法自然”实际就是道以自然而然为法则，而不是把自然作为一个对象、客体来效法。但是，它并不是只有动作和过程而没有结果，而是包含动作、过程和结果在内的，“自然”不是“自己是”或“自己成为”，而是“自己就是这样的”或“自己成为这样的”。在这个意义上，我们对老子所说“自生”、“自化”、“自正”就比较好理解了。所以，老子所提出的“自然”虽然只是表明了一个自然现象的自我完成的动作、过程，但是语意中间已经蕴涵了对象化的意义，这就为以后人们把“自然”定格为广泛的自然现象铺平了道路。

综观《老子》一书，可见他有这样一种关怀，他想运用一个概念来表述无限的自然。“天地”这个词曾用到，但他还是意识到其有限性，“天地尚不能久，而况于人乎。”[6]“万物”这个词也多次用到，可是物有形有名，有了形名就是有限，不足以表达无限的自然。在他看来，能够实现一切现象自我生成的东西必定属于那无限的本体“道”，道不仅无限生成，也促使一切现象自我完成，它纯粹地就是一个自然，“道法自然”实际上就是道的活动方式，因而道是唯一可靠的客体，人所要面对的对象不是有限的天或万物，而是无限的道，这样一来，人天之际实际上在他那里成为了人道之际。

《庄子》有关“自然”概念的论述不少，所表达的意思多不出老子所述，如在《天运》篇中说：“夫至乐者，先应之以人事，顺之以天理，行之以五德，应之以自然。”《德充符》说：“言人之不以好恶内伤其身，常因自然而不益生也。”《应帝王》说：“汝游心于淡，合气于漠，顺物自然，而无私容焉，而天下治矣。”

如果说老子关于有限与无限关系还是述而不发的话，那么庄子则把这对关

[5]　《老子》第二十五章

[6]　《老子》二十三章

系发挥到极至，在他看来，“物物者非物”，有限的物不能生物，只有君临于物之上的道才可以生物（“物物”），而道的无限性在于它不受时空的局限（无待），换言之，凡在时空之中的所有现象都只能是有限，而有限的现象在可靠性上是值得怀疑的。超越相对，追求绝对，这是庄子的基本理路。

老庄之后，人们在阐释“自然”观念时实际上是在阐述自己的见解，只不过总会从“自然而然”引发开来。魏晋时候的玄学家郭象明确地把“天”叫做“自然”，他说：“天地者，万物之总名也。天地以万物为体，而万物必以自然为正。自然者，不为而自然者也。”[7]“以自然为正”即谓以“不为而自然”为准则，自然就是天地运行的准则。又说：“天者，自然之谓也。”天既为万物之总名，自然也就是万物之总名了。

玄学对道教的影响是巨大的，但道教终究不同于玄学，它要服从信仰的需要。道教实际在自然观上作了两极的阐扬，一方面，从生成和宗本的角度，把一切自然现象归结为某种抽象的本质，而且是对象化的本质，甚至就是某种纯粹精神，像《河上公章句》、《想尔注》所做的那样。另一方面，要以物质性的实在“气”来补充那纯粹精神本质所造成的空虚，道和气相连贯，道之所在，气即在焉。道体现了抽象，气体现了具体，这种二元绝待的关系既满足了精神超越的需要，有满足了深入现实的需要。

南怀瑾：《中国道教发展史略》，上海：复旦大学出版社，2007.

在现世中实现宗教超越，这是道教的基本特征。因此，道教在实行本质抽象的同时，不可能放弃现世的实在，从而，尽管在追求目标上要面向抽象的本质，而在实现的途径上却要面向生动的客观世界，对这个客观世界，道教又都从自然性方面去理解。成玄英在理解“自然”观念时颇有代表性，他一面认定“自然”就是“道”：“道与自然，互其文耳。欲显明斯意，故重玄之也。”[8]又一面认定“自然”就是“天”：“天者，自然之谓也。”[9]这两者看似矛盾，但在道教看来则相通，因为道不只是高高在上、可望不可及，道的大化流行即是现象界的自然，道体

[7] 《庄子·逍遥游注》。
[8] 《庄子疏》“天与之貌，地与之形”疏。
[9] 同上，“知天之所为，知人之所为，至矣”疏。

现在自然之中，因而人们面向天地之自然，就是面向道，而且只能通过现象的自然去追求超越的道。

从上述已经能够明了，道家和道教所说的天是纯粹自然的天，地是纯粹自然的地，道是纯粹自然的道。即便道教所理解的道是某种精神，甚至体现某种意志，但它也仍然不失其自然性质，它作为精神本质是外在于社会人伦的，它作为意志是自由自在的，在这种纯粹自然的精神本质和自由意志的统御下，天地万物都是一个纯粹的自然。从“自然”这个观念的本身，我们也可以体会到纯粹自在自为的性质。在这一意义上我们再来看道家及其道教是如何确立人天关系的。庄子曾明确地将人天关系确定为“不相胜”的关系，[10]郭象借以发挥说：“天人不相胜，故旷然无不一，冥然无不在，而玄同彼我也。”[11]“夫与物冥者，物萦亦萦，而未始不宁也。”[12]不相胜才能消除人天关系的紧张，玄同彼我才能作到人与自然的相安无害。《阴符经》说：“圣人知自然之道不可违，因而制之。”在这个自然之道面前，人们不可以先入为主，只能“因而制之”，顺应自然是制之为我所用的前提。显然，自然性方面的因素远远胜于社会性方面的因素。成玄英说：“随造化之物情，顺自然之本性，……放而任之，则物我全之矣。”[13]“同天人，齐万致，与玄天而为类也。”[14]随、顺是强调法自然，齐、同是强调与物为类，将万物视为自己的同类，从而保全爱养自然，也就是保全爱养自身。从道家到道教，无论发展变化有多大，也不论道教自身有多少种派别，在对待自然的问题上，其态度的一致贯彻了始终。

詹石窗：《道教文化十五讲》，北京：北京大学出版社，2003.

二

以自然为客体实在，相信这个客体实在的无限生成、无限调制、自我完成，并以这种自然而然为极则，应当说，这是一种完全的自然主义。这里需

[10] 见《大宗师》。
[11] 《庄子·大宗师注》。
[12] 同上。
[13] 《庄子·应帝王疏》
[14] 同上。

要澄清一个问题，即采取自然态度中有没有人文关怀。如果我们把凡有人文关怀的所有意识都视为非自然主义的话，那么可以说连自然主义这个提法本身就不能存在，无论是提出这个观念的人，或者凡是适用这个观念范围的人或事都会被排除在这之外。因为任何一种观念或这种观念的适用者都无例外地包含了人文关怀，换言之，自然主义也是人的一种态度，而这种态度的取向本身就是人文的关怀，是人的有意识。动物的所有行为可以说都是符合自然的，但不可以说动物采取的是自然主义的态度。在我看来，对自然主义的认定不在于是否当中具有人文关怀或意识，而在于所持态度的前提和终极原则。如果我们的前提是一个无限的自然，人类活动只是自然当中的一部分，而且在人与自然关系上，虽然我们不时将人与自然对置起来，相信人能够在与自然的平衡和谐的条件下实现自己的意愿，没有也不愿意将自然置于被征服、奴役的位置，并且确信人为的终究不如自然的，从而在人的所有活动方式中以自然主义为依归，这就是一种自然主义。如果我们的前提限于某个具体情形，如人的性情，艺术的风格，或者人的德性，并力图在这中间追求一种自然的话，那么这是一种狭义的自然主义，不是我们所说的广义的人天、主客关系上的自然主义。而且我们在这些具体情形下去追问其中的最高原则时，通常未见得就是自然而然的原则，如同儒家所论的道德的自然性，自然实际上是服从道德的，仁义礼智信是最高的原则，自然所起的作用只不过是“水到渠成”而已，只是一种“理所当然”。

传统的看法认为道家和道教在自然面前是消极的，当代学者则力图在道家的自然无为当中找出无不为的主观目的性，从而确信道家道教是大有所为的。事实上，在自然无为的背后找出有为的目的性并不能改变在天人关系上的自然主义态度，自然主义并不排除目的性，目的性可以在自然主义原则上得以实现；其次，在目的性与自然主义两个方面，目的不妨碍自然，自然主义是终极原则，目的服从于它。在道家思想传统中，我们看到的正是这种情形，也正是这个原则，自然主义与人道主义在根本意趣上差别很大。依道家自然主义观点看来，天道的力量远远胜于人道的力量，所以在价值观上依天不依人。

反观儒家在人天主客关系的态度，可以说是一种人道主义的。因为在天道与人道两方面，儒家认为人道高于天道。尽管儒家竭力将人道的内容解释为天道的内容，或者说天道就是人道，天道的所有内蕴毫无例外地都是诚、仁、义、礼、智、信等等，实际上是人道的无限扩张，这种扩张的背后动机就是要在人道中建立起自然性。道德理性的建立原本不是自然的，它乃是自然性的克服，但儒家却要在建立起来的道德理性中找到自然性，这样做的目的很清楚，就是要在人们的心灵结构中确立理性的自觉，使人们确信人的伦常就是天地伦常，“仁义礼智非外烁我，我固有之”。[15]而一旦确定了这种理性自觉，在日常行为中也就不自觉地贯彻着理性了，可见儒家人性自然也并不排斥自然性。单从理性自觉方面来看儒家所欲建构的自然性是没有问题的，因为这终究还是人性范围内的事情，只要人们愿意认同并乐意恪守便有了自然性。问题是儒家并不满足于这一点，而要把人性推及到天地之性，这种人性扩张不仅产生了道德的泛化，更为严重地是将作为对象性关系的天人关系消解在道德理性原则之中了，如果说在程朱那里我们尚且能够看到道德理性化的对象和对象性关系的话，那么在王阳明那里连这点东西也看不到了，天地万物的存在也只是人的良知灵冥俯仰的结果。由于消解了天道，剩下的只有人道。故而儒家在天人关系上带有浓厚的人类中心的意味，可以说荀子“人定胜天”观念被后世的儒家融解在天理良知的观念中了，在天理良知观念中人天不再处于紧张对峙，却以道德理性自觉的形式克服了。

儒道两家都有天人合一的观念，但其中依天还是依人之间已显根本差异，在对这种差异的分析基础上我们应当考虑怎样重塑人与自然的关系。道家在天人关系上的自然主义表现了人对自然的尊重，在以自然为归依的价值取向中实现天人的和谐，但依天不依人又确实忽视了人在自然面前的主动性和创造性，

[15] 《孟子·告子》上。

事实上人不可能满足自然，必定在与自然的关系上要表现出自己的强烈的主动性。儒家在人天关系上的人道主义关系表现了人的主动与主体性，并在这种主动与主体性中实现天人的统一。但儒家将自然消解在道德体性中就不会将天地自然认真地视为客观对象，当然也就谈不上对其尊重。无论从历史的还是从现实有角度，人在与天地自然的关系上既需要那种主动与主体性，又需要对天地自然的尊重和爱护，因此既要人道主义，又要自然主义。有理由说中国传统文化中有过人天关系的统一与和谐，在人天两方面的“服从”或“归依”都能够达到这一点，如随顺、因循自然是一种统一和谐，以天理良知为“当然”也是一种统一和谐，但不可以说中国这种“天人关系论”是一种平衡论。平衡就要讲求等距、等差、等量，两边不等如何平衡？蔽于天而不知人或蔽于人而不知天，都不可能达到平衡。从历史的眼光来看，在天人关系上我们应当努力建立的正是这种平衡基础上的和谐关系，在这种和谐平衡的关系中自然的存在价值得到尊重，人的主动性、创造性也能得到发挥；人的利己欲望受到自然主义的制约，自然主义也不能限制人的合理而不越分的创造。马克思在谈到未来理想社会的人与自然关系的构想是意谓深远的：“作为完成了的自然主义，等于人道主义，而作为完成了的人道主义，等于自然主义”。[16]完成了的自然主义在本性上是符合人的需要和根本利益的，自然主义与人的根本利益不相冲突。完成了的人道主义则必然追求自然主义，人道主义所体现出来的主动性、创造性在自我完成过程会校正自己行为的偏颇，最终趋归于自然主义。但是，那只是对“完成了的”情形来说的，然而我们仍然处在自然主义和人道主义尚未完成的过程中，在这个过程中人完全可能过分攫取自然资源而彻底毁坏人本身的生存自然。因此，问题是人类如何合理地避免因为尊重因循自然而困住自己的手脚无所作为，同时又不会因为发挥主观能动性而放任手脚糟蹋自然。如果我们将道家的自然主义和儒家的人道主义置于一个平衡的关系上，就完全能够做到

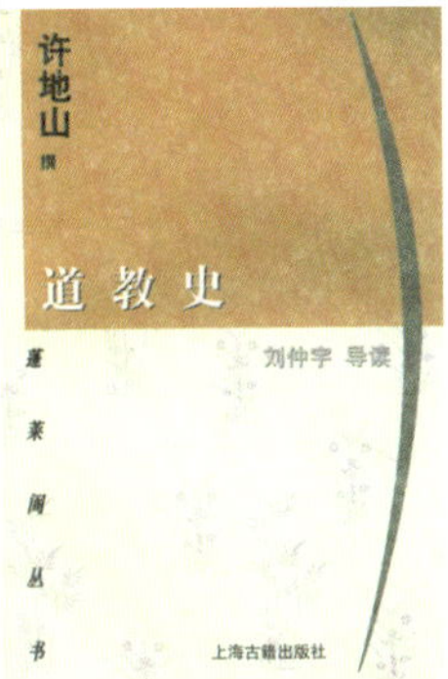

许地山：《道教史》，上海：上海古籍出版社，1999.

[16]　《1844年经济学哲学手稿》。

这一点，这才是当今意义下所需要的儒道互补。

以上我们主要从广义的自然而然考虑问题，可是，即便在狭义的自然而然的原则下，这个理念也是可以帮助人们有所作为的。就拿构建和谐社会来说，和谐的社会不能只是遇到争议的时候，你让一步，我让一步。让步只是人们在处理纷争的时候所需要的空间，并不是问题的解决，如果让了步之后，问题仍然没有解决，那么让步的双方心里并没有摆平衡，这甚至会酝酿更大规模的纷争。只有问题解决了，才能从根本上消除嫉恨。所以，和谐就意味着平衡。现代意义的平衡有多个方面，诸如利益平衡、地位平衡、心里平衡、贫富平衡、价值平衡等等，一个平衡没有处理好，社会就不和谐了。可是，社会平衡又是一个什么东西呢？社会平衡就是一个生态，在这个生态里面，人人都可以有自己的意愿，却不能让一些人把自己的意愿强加于另一些人之上，也即是不能有特权与霸权存在，只有谅解、理解和宽容存在。在这样的社会条件下，社会关系处于可控范围，人们之间会因为共同的利益与目的发生良性的互动，彼此之间的交往成本很低，和谐相处。这种情形就是人们自觉地建构社会生态，使得“自然而然”发挥调节作用。这正是道家、道教太平盛世的政治理想。

伊斯兰教

YISILANJIAO

伊斯兰教信奉真主，热爱和平，倡导博爱，“伊斯兰”本身就有平安、和平的含义。传入广东以后，伊斯兰教逐渐与中国传统社会相适应，吸纳了中国儒家思想，形成了独具特色的岭南伊斯兰文化景观。

编者按

怀圣恩光

HUAISHENGENGUANG

伊斯兰教是世界三大宗教之一，对世界文明乃至世界历史都有着深远的影响。当今世界频繁的政治、军事冲突，更是将伊斯兰教与世界和平的话题联系到一起。人们对这个古老而神秘的宗教充满了迷惑和猜测，更想了解其思想传统的真正面目。

在中国，伊斯兰教算是一种民族宗教，回族、维吾尔族等十个少数民族构成了穆斯林的主体。而伊斯兰教最早传入中国，却是从广州开始。传说唐代初年，穆罕默德派遣“四大贤人”来中国传教，其中有一位叫宛葛素，来到广州，成为中国最早清真寺之一怀圣寺的伊玛目。宛葛素去世后，他的墓葬被后人称为先贤古墓，也成为广州穆斯林做礼拜的地方之一。

每到星期五中午，广州、肇庆等地的清真寺周围就热闹起来。当地的

南方日报

A20

和的智慧——广东宗教文化行·伊斯兰教

广州光塔路深处的邦克声响了1300多年

广东：伊斯兰教传入中国第一站

1 千年光塔矗立珠江古航道

2 广州回族将领抗清殉职

3 广东穆斯林融入大都市

20万穆斯林在粤工作生活

"广东就是我们的家"

捐善款不留名

团结友爱 喜迎亚运

邻里们知道，穆斯林主麻礼拜的日子到了。而在今日广州老城区越秀区光塔路深处，怀圣寺的邦克声已经响了1300多年。斑驳的白塔，低矮的大门，市民每日从清真寺前来来往往，或许并不会特别在意，但在中国广大的穆斯林心目中，怀圣寺有着特别的意义——与泉州圣友寺、杭州凤凰寺、扬州仙鹤寺一道，并称为伊斯兰教传入中国后最早创建的四大著名清真寺。

伊斯兰教信奉真主，热爱和平，倡导博爱，“伊斯兰”本身就有平安、和平的含义。传入广东以后，伊斯兰教逐渐与中国传统社会相适应，吸纳了中国儒家思想，形成了独具特色的岭南伊斯兰文化景观。从“崇教西域”的信仰诉求到“君恩万古”的生存调适，体现着广东伊斯兰教的本土化特征。

起而徑行

QIER JINGXING

记者手记

千年光塔矗立珠江古航道

广东省伊斯兰教协会会长马光星估计，目前大约有20万穆斯林生活在广东的土地上。追溯广东穆斯林的历史，人们不得不从唐初谈起。

公元7世纪，唐帝国的崛起标志着中华文明进入鼎盛时期。而此时在欧亚大陆另一端，穆罕默德正在传播一个世界性的宗教，清真寺和阿拉伯商人带着伊斯兰文明的种子传到四方。

两大文明曾碰撞出火花。在西域，怛罗斯之战被写入世界军事史；在广州，阿拉伯商人聚集的番坊也正在快速繁衍，富甲一方的伊斯兰商人都居住在这里，沟通着东西方的物质和文化。

在伊斯兰教向外传播的过程中，清真寺是中心所在。穆斯林聚居的特点是围寺而居。随着广州的穆斯林规模日趋庞大，他们先是建立了便于宣礼又能导航的光塔，之后又建立了清真寺，也就是怀圣寺。

实际上，穆斯林每到一处就尽量先建立清真寺，不管有多么简陋。在一块异地文明的土壤里，怀圣寺正如其标志性的光塔一样，成为穆斯林群众的导向标，商贸的往来和文化交流藉此得以展开。

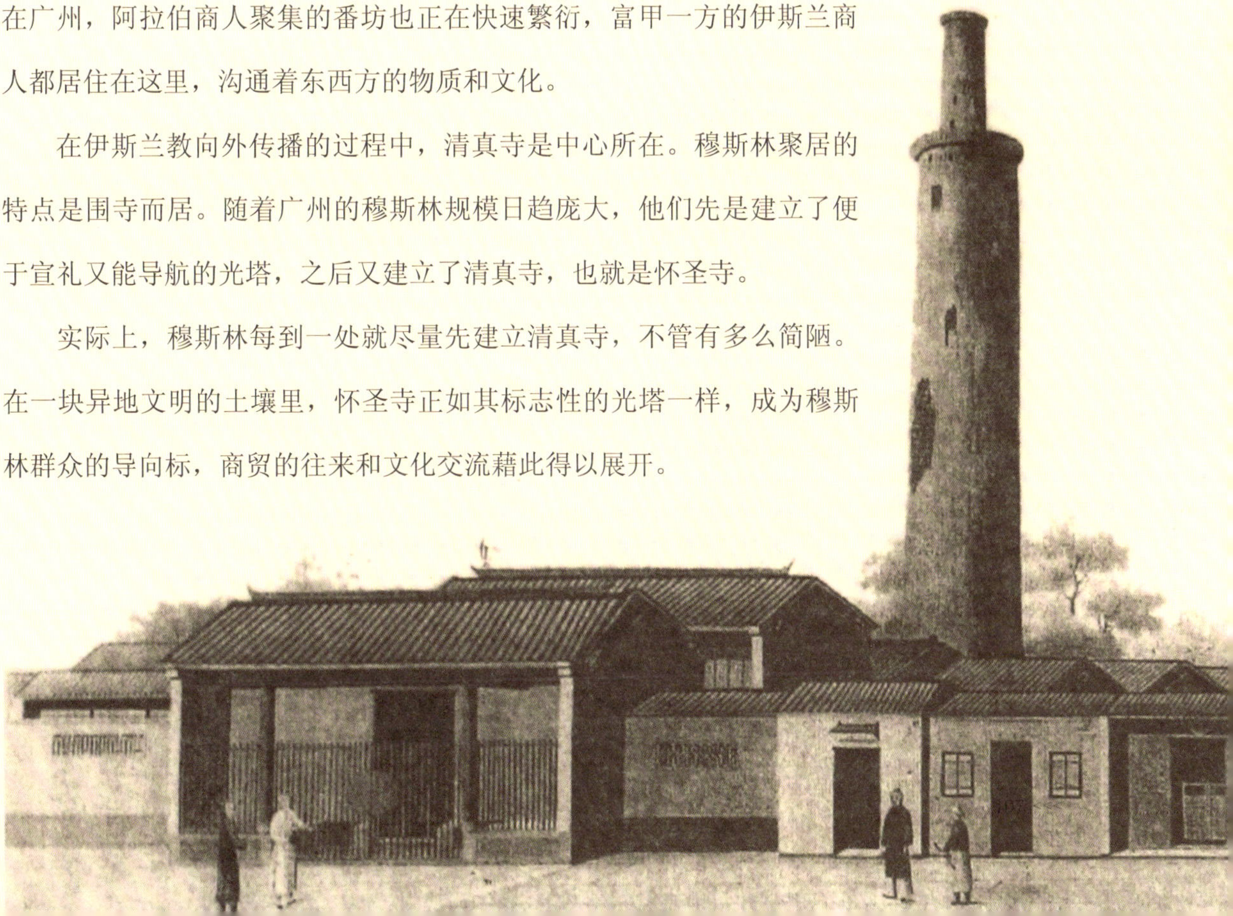

怀圣寺又名光塔寺，寺内建有一座高逾35米的灯塔。清真寺前即为当时的珠江航道，满载货物的中外商船远望光塔就知道如何驶入广州的码头。专家考证，怀圣寺的光塔可能为中国最早的伊斯兰教唤礼塔之一，顶部装有金鸡信风仪，世界罕见。

每天五个不同的时刻，伊斯兰教拜礼的唤礼声就从光塔响彻整个番坊，让忙碌的商人们停下来，获取心灵的宁静。

伊斯兰教对广州古代对外贸易的影响很大。唐代天宝年间，有记载说，“江中有婆罗门、波斯、昆仑来船，不知其数，并载香药珍宝，积载如山，其船深六七丈。”这些船大部分都是来自哈里发帝国的穆斯林商人所有。一船船的香料、象牙、珠宝、药材和犀牛角等物品远涉重洋来到广州，而来自中国的丝绸、茶叶、瓷器等则搭载空船回程。

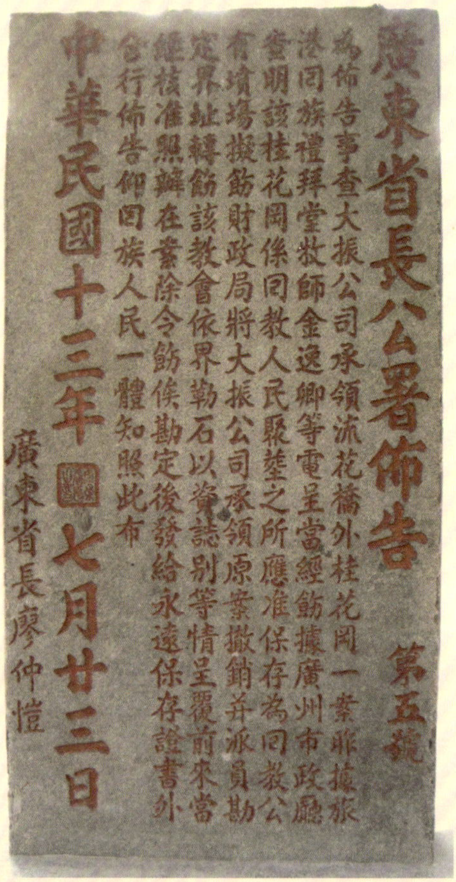

是哪个富人捐建了怀圣寺呢？有人认为怀圣寺是当时生活在周围的穆斯林商人共同捐资建立的，也有学者推测，怀圣寺很可能是名振一时的蒲寿庚家族出资建立。

在这些伊斯兰富商心目中，怀圣寺的第一任“伊玛目”（领拜人）宛葛素是番坊里的精神导师。明代史学家何乔远的《闽书》记载，“吗喊叭德圣人门徒有大贤四人，唐武德中（618-628）来朝，遂传教中国。

一贤传教广州，二贤传教扬州，三贤四贤传教泉州。”这就是中国伊斯兰教早期历史上著名的四大贤人的掌故，其中来广州传教的一贤即为宛葛素。

宛葛素的故事也成为广州穆斯林集体记忆中最重要的符号之一。广州的回民习惯称宛葛素为“大人”，其位于广州先贤古墓的墓庐为“大人坟”，其忌日为“大人忌”。相传，在先贤古墓宛葛素的墓庐中诵经，回声洪亮，余音不绝，人们形象地称之为“响坟”。

唐代末期，番坊已经发展到相当大的规模，怀圣寺的影响力也与日俱增。宋代穆斯林主要葬在广州大北门外流花桥北一带。当时随着朝廷对广州港贸易的限制，番坊逐渐稀落，蒲寿庚家族于南宋年间北迁，热闹一时的怀圣寺也开始冷落下来。

广州回族将领抗清殉职

今日广州的清真寺中，除了历史上声名显赫的怀圣寺和先贤古墓之外，小东营、濠畔两座清真寺以及消失了的南胜寺，也各具特色，代表着广州伊斯兰教的另一段故事。

元明清时期，广州穆斯林与“军人”结缘。元代穆斯林得到重用，回回人地位仅次于蒙古人，高于汉人和南人。蒙古皇室不信任汉族，让回回领兵冲锋陷阵，镇压广东路的民族起义。

明代成化年间，南京上千名回族达军骑兵被调往广州，以应付不绝如

绥的两广少数民族起义。浴血一战，起义平定。皇帝虑及长远，要求他们不再返回南京，而是留守岭南，并建立大东营、小东营、西营、竹筒营四座回营进行安置。

又是异乡来客!在军营附近，清真寺迅速建立起来，东营寺、濠畔寺、南胜寺3间清真寺与唐代的怀圣寺比肩而立，奠定了广州穆斯林的居住格局，崇拜安拉的唤礼声传得更远。

与唐代不同，此时来到清真寺做礼拜的穆斯林已经开始穿汉服、说汉语，彻底走出番坊。在大一统国家的熏陶中，广州穆斯林家国认同愈浓。学者认为，这种“忠”已经上升到神学思维层次，与忠于安拉联系起来，“忠君爱国”也成为穆斯林的生活信念。

当清军南下，一路势如破竹之时，广州回族将领羽凤麒、萨之浮、马成祖断然拒绝弃城，并率军奋力抵抗。城破之后，三人以身殉国，家人被俘。史称“教门三忠”。在先贤古墓，至今仍有他们的墓地和牌坊。

在“教门三忠”和广大穆斯林眼里，穆斯林为正义之战而死是舍希德(烈士)，如果弃城而逃是对安拉的背叛。

广东穆斯林融入大都市

时代改变了一切，宗教亦无法脱离。近代以来，人们发现，广州城来了越来越多的云南阿訇，讲述新的教义，倡导新的仪式；也有不少人从滇边学成归来。

抗战时期广州沦陷，广州穆斯林所创办的学校、孤儿院等相继停顿。经过商议，留守的穆斯林集中到郊区的白鹤洞躲避炮火，度过了战火纷飞的岁月；解放后，不少广州穆斯

林纷纷进入本地的工厂、机关工作，围寺而居的格局逐步开始改变。

随着改革开放的推进，怀圣寺重新开始了小范围的礼拜，2000年左右，以怀圣寺王官雪等为代表的一批阿訇恢复了“五番拜”仪式。

商业贸易的发展也让穆斯林的组成更加丰富起来。广交会确立了广州在整个亚洲的商贸地位，广州街头和清真寺里重新涌现了大量阿拉伯商人的身影。千年流转，往日的丝绸、瓷器已经被服装、电子产品、工艺品等替代。一些穆斯林也变成了生意人或者阿拉伯语翻译，其中部分年轻的翻译还聚在陈田村等地居住，形成新的穆斯林聚落。

国内西北等地的大量穆斯林来到广东打工，清真餐馆、清真牛羊肉、皮毛贩运以及地方特产等丰富了广州的物质文化生活。穆斯林开办的“兰州牛肉拉面馆”已经成为广州食肆的一道亮丽的风景，河南、河北的穆斯林则是皮毛商人，等等。

凭借自己的双手，广东穆斯林有的已经成了商人和职员，有的成了公务员、教师、学者等等，过上了文明富足的生活。

善行：捐善款不留名

2010年7月的一个星期五中午，适逢穆斯林的主麻礼拜日。广州光塔路一带人来人往，一位印度客商显得很焦急。他丢失了钱财，连购买回国的机票也有困难，希望大家出手相助。

一番话后，他的经历让各色人种的穆斯林都伸出手来，不一会儿便凑了5000元。那位印度客商连忙叫停，说这已经够他回国的费用，感谢大家的帮助。

穆斯林格外重视行善。广州市伊斯兰教协会常务副会长王官雪解释说，广大穆斯林认为，如果自己拥有了财富，那么这些财富并不是个人的，而是真主让其代管的，要看自己怎么使用。如果能够用到穷人身上或者造福社会，真主会加倍赐福，如果用到吃喝嫖赌上，真主会惩罚。

积极行善，扶贫济困，是伊斯兰教的要求，也是穆斯林应尽的义务。《古兰经》说，“行一个小蚂蚁重的善事者，将见其善报；做一个小蚂蚁重的恶事者，将见其恶报。”据不完全统计，2005年以来，广东省各地伊斯兰教协会和中外穆斯林群众为地震、水灾、扶贫助残等各项慈善事业捐款约226万元。

有助学为乐者。广东省伊斯兰教协会会长马光星资助青海省循化县一位撒拉族小学生读书，已经有11年之久，现在这名学生已经是武汉大学二年级学生。他表示还要继续资助她，直到完成学业为止。马光星说：“伊斯兰教让我行善！”

有拾金不昧者。肇庆市兰州拉面店老板韩永宏一天去农业银行取钱，发现前面一位顾客只顾接听电话，按了密码后忘记把钱取走，就离开了柜员机。韩老板把钱拿出来一数，有2000元之多。他想，穆斯林不能贪不义之财，于是毫不犹豫地把钱如数交给银行工作人员，并说明情况。

还有热心公益者。新粤穆斯林餐厅老板李志俊至今已经开了10间分店，解决了五六百人的就业问题。她开办的餐厅，在每年的开斋节、古尔邦节两大节日，都免费为参加聚礼活动的穆斯林群众提供节日饭，受到穆斯林群众好评……

在清真寺的捐款簿上，人们经常能见到捐款人签名“穆斯林”。在他们眼里，施舍不留名更好，穆罕默德的名言颇有哲理：“右手施舍，左手不知道。”

乐业：20万穆斯林在粤工作生活

——“广东就是我们的家”

“广东就是我们的家”，拉面店老板老马来自青海化隆，已经在广东开了十多年餐馆，准备定居广州。与他有着类似经历的外省来粤穆斯林超过10万，加上本地和外国穆斯林，大约有20万穆斯林在广东的土地上生活工作。

“24小时营业，几分钟内，就能吃上一碗热气腾腾的兰州拉面！”谈到穆斯林，不少广州市民的第一印象就是清真美食。4000多所拉面馆遍布珠三角各地，让人平添了一份亲近感。当然，清真美食的名单还很长：羊肉串、馓子、葡萄干……

一碗拉面让很多穆斯林在珠三角定居下来。当西北穆斯林初来乍到的时候，珠三角庞大的饮食市场给他们一展身手的好机会。

不过，有一些拉面馆经营场所较小，卫生条件一般。各级党委、政府高度重视，以人为本，加强管理和服务。例如，东莞市民族宗教事务部门就协调有关部门，帮助穆斯林群众办理证照，各镇街工商、卫生等部门还开通了穆斯林办证绿色通道，帮助填表，减免费用，1000多家拉面店顺利地

拿到了证照；广州等地还免除了拉面馆的地方税，给他们一个更为宽松的创业环境。

谈及这段经历，老马说穆斯林对此一直很感动，在政府有关部门的帮助下，门面整洁了，生意也更好了，“毕竟城市的脸面也是我们的脸面！”他笑着说。

成功的拉面馆老板们格外感谢在广东的人生际遇，把广东当作第二故乡。去年的一天晚上，珠海市拱北拉面店老板韩成祥正在打烊，他看到店门口有一位老人徘徊，于是关切地询问，才知道老人是潮州人，迷路了，并且精神有一点问题。韩成祥想，“回汉兄弟是一家，不管谁遇到困难都应该帮助。”于是，他亲自把这位老人送去社会救助站。

与历史上不同，如今大部分广东穆斯林都居住在广州、深圳等大城市里。紧张的都市生活带来了一些改变。

不少穆斯林成了办公大楼里的白领，不方便进行“五番拜”。对此，广东穆斯林的态度颇为宽容和变通。“白天实在没条件进行礼拜，回家补上也可以”，广州市伊斯兰教协会会长王文杰说，“一日五次礼拜是必须要做的，但是不一定非要在规定时辰。”《古兰经》说，“真主给你方便，不给你困难。”

和谐：团结友爱喜迎亚运

2010年是“亚运年”，广东省民族宗教委向全省宗教界发出了开展“建设和谐宗教，服务广州亚运”系列活动的号召，此举得到了穆斯林的积极响应。各地伊协、寺管会把协助政府办好广州亚运会作为今年工作主线，积极向广大穆斯林宣传广州举办亚运会的重要意义，配合政府做好涉亚宗教服务工作。

各地清真寺开辟了宣传和谐亚运精神的专栏，宣传有关伊斯兰教劝善戒恶、弘扬美德的基本知识，弘扬伊斯兰教优秀传统文化，引导穆斯林群众发扬爱国爱教优良传统，积极投身服务广州亚运各项行动。

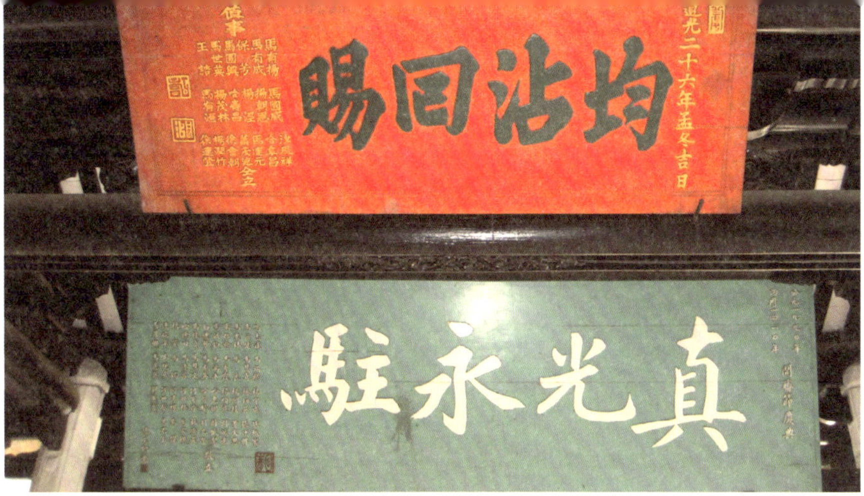

阿訇们也行动起来，以“建设和谐宗教，服务广州亚运”为主题，撰写一篇关于迎亚运、创文明、促稳定，树立和谐友爱思想的“卧尔兹”，以解经的方式深入开展宣讲活动，宣扬宽容理解、团结友爱精神，为亚运会营造一个良好的社会氛围。

省伊协与广州市伊协合作召开在穗新疆籍和其他省区穆斯林代表人士迎亚运座谈会，通过省市伊协领导与穆斯林代表人士的直接对话，了解外地穆斯林在广东的生活、工作和学习等方面遇到的困难和问题，对能帮助解决的，尽量帮助解决；暂时无法解决的，积极向政府有关部门反映，寻求解决的途径。

亚运期间清真食品安全非常重要。为此，省伊协认真做好涉及面广、影响重大的清真餐食单位的食品监制工作。如南联航空食品有限公司的清真餐，享誉国内外，不仅国内的南航、海航定制，阿联酋和印度尼西亚等国家的航空公司也委托其定制清真餐，省伊协对其清真餐的制作非常重视，不仅选派了有资格证书的回族厨师到南联主理清真食品，还特委派协会副会长王官雪阿訇担任该公司清真食品生产顾问，定期对职工进行培训，指导和监制清真食品的生产。

广州的4所清真寺也加紧修缮。广州市政府投资2000多万元，帮助广州市伊协在先贤古墓新建一所能容纳2000人的礼拜大殿，以满足亚运期间来穗的穆斯林过宗教生活的需要。

此举得到了穆斯林的大力支持。他们或者集体捐资，或者在进行礼拜时散些“乜贴”。短短三个多月时间，就筹款了1000多万元，先贤古墓清真寺礼拜大殿兴建工程近日竣工。来自亚洲各国的穆斯林在广州汇聚，共庆盛会。

怀圣寺：千年古寺见证中外交融

这是一个寻常的星期五中午，也是穆斯林的主麻礼拜日。广州光塔路一带人来人往，其中有阿拉伯人、黑人，也有维吾尔族和回族同胞，人数约2500多人。门前店铺和摊贩所卖的货物也有清真特点，既有牛羊肉，也有油炸散子、各色干果。

光塔寺创建于唐朝初年，是伊斯兰教初传中国时所建立的最古老的清真寺之一，距今已有1300余年历史。当时，广州对外贸易活跃，伊斯兰教随着“海上丝绸之路”传入中国，最早来华传教的伊斯兰教士之一宛葛素曾主持怀圣寺，因此，怀圣寺在海内外穆斯林心中有着特殊的地位。

造型独特的白色光塔矗立在清真寺内墙之中，也是广州穆斯林的地标之一。据介绍，光塔由于地基东西两侧离岩石的位置相差3米，导致倾斜。目前已经有1.06米的倾斜度，但结构仍然稳定。因为，它的基础铺着3.6米长的石条，而塔身用土、糯米饭、红糖和石灰混合垒成，经受了千年风雨。今年为了迎接广州亚运会，光塔正在进行为期2个月的整修。

不过除光塔外，人们已经无法在怀圣寺找到关于这段辉煌历史的遗存。怀圣寺现存的大部分历史建筑为明清和民国时代所建。步入怀圣寺，“教崇西域”的牌匾格外醒目，据说这是光绪二十七年由皇帝

御赐给清真寺的，上盖皇帝的宝御印。但也有书法专家指出，其笔迹实际上为慈禧太后所书。

望月楼富有唐代建筑特色，整体从下逐渐向上收分，为明仿唐建筑，其石质墙体仍是明代遗物，石缝细腻。但经过清代康熙年间重修，木质结构和瓦面经过了更换。

穿过望月楼进入大殿区域，一股浓郁的岭南风扑面而来。门口设玄关、亭子有翘起的檐角、窗户配满州花窗，加上院子里种的鸡蛋花、紫荆花和棕榈树等，都是岭南才有的特色。庭院内还有一棵龙眼树和凤眼树，都有百年以上的历史，所以怀圣寺俗名也叫龙凤寺。

大殿于1935年重建，梁上文字记载，其为唐贞观元年建成，明成化三年、康熙三十四年、民国二十四年重修。

为了营造宗教氛围，清真寺近年来还特意种下了两棵椰枣树，这是一种阿拉伯特有的树种，在伊斯兰教中象征着“永不凋落”的穆斯林，不少北方的穆斯林来到怀圣寺，都选择在树前留影。

先贤古墓：新建礼拜大殿迎亚运

先贤古墓得名于1300多年前来华传教的宛葛素教士，他也是最早来中国传教的伊斯兰教士之一。广州人又把先贤古墓叫“大人墓”，“大人”就是指宛葛素。

史料记载，唐代初年，伊斯兰教第三任哈里发奥斯曼曾派遣吾艾斯、盖斯及宛葛素3位传教师来华传教，吾艾斯途中病逝于甘肃玉门，即葬于甘肃；盖斯病逝后葬于甘肃和新疆交界处的星星峡，后迁葬于哈密城郊；宛葛素病逝于广州，葬于广州市郊桂花岗。

外人难以理解的是，这个著名的伊斯兰墓葬竟然连墓志铭都没有。原来，穆斯林主张厚养薄葬，将人生看作是在“顿雅”（今世）暂时生活的一段过程，人类的归宿最终是永不

朽坏的“阿黑热提”(后世)，因此穆斯林不主张大肆修葺墓庐。

先贤古墓高墙围绕，美如园林。墓前建有礼拜殿及牌坊、方亭、客厅、水房等，院内古木参天，清幽雅致。大门前铺砌石路，路旁竹木繁盛。

如今，先贤古墓已经成为外国穆斯林做礼拜的首选，位于桂花岗和火车站附近，又接近广交会旧址和东方宾馆等地，先贤古墓多了不少来广州工作或者做生意的外国穆斯林的身影。

古老的清真寺今年正迎来新使命。广州亚运会召开期间，先贤古墓清真寺将承担起接待各国穆斯林运动员礼拜的重任。可容纳2000人的新礼拜大殿正在修建中，将为来自亚洲各地的穆斯林提供礼拜场所。

濠畔寺：曾为回文大学培养阿訇接班人

来到广州市天成路濠畔街，就能看到一座清真寺，人们称之为濠畔寺。这座占地面积1491平方米的清真寺建筑精美，为古朴幽雅的园林式布局。

广州市伊斯兰教协会副会长保延忠告诉记者，过去穆斯林有分坊做礼拜的习俗，当时驻防广州兵士中有不少信奉伊斯兰教，明成化年间集资兴建了几座清真寺。濠畔街清真寺就是当时建的，清康熙四十五年(1706)重建。民国16年(1927)，穆斯林学者曾在寺内创办回文大学，培养阿訇接班人。大学还出版了伊斯兰教期刊《天方学理月刊》，重版《清真指南》等著名刊物，作为经堂教育主要课程，对海外内伊斯兰教宣传有着深远影响。

从1952年开始，濠畔寺几经辗转，到1993年被列入广州市文物保护单位。次年，濠畔寺开始重修，1998年5月17日正式恢复开放。1998年9月，广州市阿拉伯语业余学习班在寺内开课。

濠畔寺大殿古朴、庄严、雄伟。大殿坐西向东，面阔5间18.8米，进深5间19.6米。重檐歇山顶，碌灰筒瓦面，屋面坡度较缓，呈曲线下降。

殿身构架精巧，驼峰、替木、梁枋出头做工细致，后金柱之间设卷草花纹的金木雕刻飞罩；两侧山墙青砖批灰扫白，各开3个拱券门，颇具特色，均为6抹头菱形花心隔扇。

如今，濠畔寺已经成为广州市重要的宗教活动场所之一。

东营寺：明代北方回兵建寺定居广州

位于广州市越秀区越华路小东营1号的东营清真寺始建于明成化年间，至今有500多年历史。占地面积575多平方米，建筑面积421多平方米。

东营寺为明代回兵所建造。史料记载，在明成化四年时，朝廷调派一千多名南京回兵来粤平定瑶乱。平乱后，其首领羽士夫、马麻黑获赐锦衣卫指挥使职衔，所率千余回兵留在广州驻防，分设大东营、小东营、西营、竹筒营四营。四营回兵在营地附近建造了东营寺、濠畔寺、南胜寺三间清真寺，与在唐初时期所建的怀圣清真寺四坊并立。

在530多年历史沧桑中，东营寺成为居住在小北一带的穆斯林过宗教生活的地方，人们在此敬主拜主、传教解经、开经学、出书刊，倡导爱国合群、热心社会公益。

1949年后，穆斯林多集中在怀圣光塔寺聚会，小东营清真寺逐渐成为广州穆斯林停放“米依”（遗体）、办理丧事之地，主要作为广州市伊斯兰教胞殡葬服务的清真寺。1982年、1999年和2003年，广州市伊斯兰教协会对全寺进行维修。

2005年开始，东营寺开始进行主麻聚礼。在广州市小北路环市路一带的外国穆斯林，大多前往该清真寺礼拜。

肇庆城东、城西清真寺

不设偶像体现伊斯兰教特色

肇庆城东清真寺在端州区水师营路。根据寺内所存的“乾隆重修清真寺碑记”记载，该寺“创自唐宋”，但另有一说始建于明代，清康熙、乾隆、道光年间曾多次修葺、扩建。寺内宽阔，今仅存礼拜殿，殿内不设偶像，空无一物，体现出伊斯兰教的特色。据寺碑记载，清真寺数次重修，乃伊斯兰教入粤在肇庆留下的宝贵历史文化遗产，1984年被列为肇庆市文物保护单位。

城东清真寺与肇庆当地的教育息息相关。1946年，杨茂林阿訇在寺内开设经堂，次年在众长老倡议、资助下，在原学经班基础上创办肇庆私立清真小学。1949年以后，清真小学转为公立。

20世纪80年代后期，端州区人民政府落实民族宗教政策，将大殿以南1684平方米用地归还清真寺，并拨款将大殿改为钢筋混凝结构。

不过，城东清真寺真正投入使用是在2006年，肇庆市伊斯兰教协会耗资人民币60万余元，重建了阿訇住房、经堂、会议室、沐浴室、卫生间等，清真古寺投入使用。

名字虽然相近，但肇庆城西清真寺的建造要晚。史料记载，城西清真寺始建于清乾隆三十二年(1767年)，由刘士芳率穆斯林15人于肇庆西门购地创寺，初仅有礼拜殿。众穆斯林拥戴刘公为首任伊码目，道光十一年(1831年)有较大规模扩建。

1980年杨开枝阿訇任教长兼肇庆伊协会长，开始共商重建西寺。杨阿訇与香港穆斯林有一定联系，曾得香港各界穆斯林教胞大力捐资，遂于1983年3月动土建寺，1984年9月落成。新寺由回族工程师保俊文按阿拉伯式与我国传统建筑风格相结合设计，易砖木结构为钢筋混凝土结构。其中，礼拜大殿为阿拉伯式，建筑面积360平方米，装饰素朴典雅，庄严肃穆，四周回廊所用柱子均为石柱，殿门顶有“主思常念”匾，两边描联为：“何须色相昭彰，去拜中严然如在；莫道典型迂远，册卷内自有真传。”

对话：《古兰经》中的智慧值得借鉴

马光星（广东省伊斯兰教协会会长）

张志湘（广东省伊斯兰教协会副会长兼秘书长）

王文杰（广东省伊斯兰教协会副会长、广州市伊斯兰教协会会长、阿訇）

王官雪（广东省伊斯兰教协会副会长、广州市伊斯兰教协会常务副会长、阿訇）

记者： 广东正在建设文化强省，请问穆斯林如何在其中发挥作用？

马光星： 省委、省政府建设文化强省的部署，是我省深入贯彻落实科学发展观，在新的历史起点更加全面、协调、可持续地推动科学发展的重大战略决策。在为建设广东文化强省服务的过程中，我们要发扬伊斯兰教的文化精神内涵，深入挖掘其中追求和平、崇尚和谐的价值理念和思想内容以及化解冲突、整合社会、提升人生的智慧，为构建和谐社会提供有益的思想资源。

张志湘： 《广东省建设文化强省规划纲要(2011-2020年)》提出，要“发挥社会各界人士的独特作用，共同推进文化建设。”我认为，伊斯兰教协会(以下简称“伊协”)至少可以在以下几个方面发挥自己的独特作用：

一是增强伊斯兰文化的教化功能和人文关怀，调节和化解好某些利益关系。各地的阿訇和伊协组织，都发挥了很好的作用，今后还要进一步加强。

二是利用刊物和讲卧尔兹(阿訇联系实际宣讲教义)等形式对广大穆斯林群众加强道德品格教育，形成诚信、正直、敬业、守法、慈善、包容、感恩等道德品格，为建设文化强省培育新的人文精神。《古兰经》和“圣训”中有许多相关论述，我们要很好地进行宣传。

三是加强伊斯兰文化理论研究，积极培育理论学术精品。省伊协成立的第二年就举办了伊斯兰文化论坛，至今已经成功举办三届，收到了很好的社会效果。国家宗教局负责同志认为这是广东省伊协的一个品牌。今年我们要办好第四届，力争使之成为在全国伊斯兰教界具有重大影响的理论品牌，成为岭南文化的重要组成部分。

记者：伊斯兰教经典《古兰经》有哪些人生智慧可供世人借鉴？

王文杰：伊斯兰教经典《古兰经》中有很多人生智慧可供世人借鉴。例如，在自我修养方面强调热爱学习；在道德品格方面强调劝善戒恶；在接人待物方面强调谦虚谨慎；在处理问题时主张正道等。

讲一个故事吧。有一次，一个人要到穆罕默德那里询问关于真理的事情，穆罕默德见他是盲人，便稍微皱了一下眉头，转身离去。但随后，穆罕默德意识到自己的做法欠妥，于是向真主作了检讨。真主专门下降了“皱眉章”，批评穆罕默德“怠慢他”。这警示我们，待人不要傲慢；有了过错就要勇于改正。穆斯林一天五次礼拜，就有“吾日五省吾身”的意思。

伊斯兰教的某些观点同样都是人类宝贵文化财富的组成部分，可以互相借鉴，互相学习。《古兰经》关于人生智慧诸多方面的教导，无论是穆斯林还是非穆斯林，都是可以借鉴的。

记者：伊斯兰教有很多关于和平、和谐的观念。

王官雪：是的。伊斯兰教是构建和谐社会的有生力量。从字面上看，伊斯兰的本意就是和平、顺从和平安的意思。所谓和谐社会，就是民主法治、公平正义、诚信友爱、充满活力、安定有序、人与自然和谐相处的社会。所以，发挥伊斯兰教的积极因素，可以为构建和谐社会作出更大贡献。

坐而討本

ZUOER TAOBEN

学者论道

伊斯兰文化对广州回族社区形成发展的作用

马建钊　广东省民族宗教研究院院长

唐宋时期，大批信仰伊斯兰教的蕃客，沿着海上“丝绸之路”进入广州从事贸易活动，使广州成为伊斯兰教传入中国最早的城市之一。伊斯兰教传入广州之后，对广州回族社区的形成和发展产生了深远的影响。

一

伊斯兰教对广州回族社区文化和经济生活的影响，最早可上溯到唐宋时期入粤的穆斯林蕃客的活动。

从汉代起，广州已是中国对外贸易的海上交通枢纽，《汉书·地理志》有“蛮夷贾船，转送致之”的记载。迄至唐代，随着封建经济和文化的空前繁荣，广州已成为中国对外贸易的重要港口，吸引众多的外籍商人到此经商。

在入粤的外籍商人中，尤以来自波斯和大食的穆斯林居多。唐代高僧鉴真记曰：天宝年间，广州江中有来自波斯湾的船只，多者“不知其数，并载香药、珍宝，积载如山。舶深六七丈”。[1]又《旧唐书·李勉传》云：“大历四年（769），除广州刺史，兼岭南节度使。……前后西域舶泛海至者，岁才四五。勉性廉洁，舶来都不检阅。故末年至者四千余。”[2]可见当时前来广州从事贸易活动的穆斯林蕃客人数之多。

由于到广州从事贸易活动的穆斯林日益增多，为了便于管理他们的贸易、

[1]　汪向荣注：《唐大和尚东征传》，中华书局，1979。

[2]《旧唐书》卷131，“李勉传”。

日常生活和宗教活动，当地政府在广州城南的珠江古航北岸，划出一块特殊区域，作为他们的活动场所，史书称之为“蕃坊”。

有关“蕃坊”的情况，中外史籍均有较详尽的记述，唐代阿拉伯商人苏莱曼记曰：“中国商埠为阿拉伯人麕集者，曰康府（khanfu）。其处有回教牧师一人，教堂一所。……各地回教商贾既多集广府，中国皇帝因任命回教判官每星期几有数日专与回民共祈祷，朗读先圣戒训。终讲时，辄与祈祷者共为回教苏丹祝福。判官为人正直，听讼公平。一切皆能依《可兰经》圣训及回教习惯行事。”[3]《萍州可谈》亦载：“广州蕃坊，海外诸国人所居住，置蕃长一人，管色蕃坊公事，专切招邀蕃商。”[4]从这些记载可以看出，在“蕃坊”这个区域内，阿拉伯商人既可以自由居住，又可以从事各种贸易活动，还可以依照伊斯兰教的风俗习惯，建立宗教场所进行宗教活动。而且，在这个区域的一切活动，都有专职的行政和宗教首领进行管理，实际上，“蕃坊”已成为一种集政治、经济、宗教为一体的社会组织。

广州“蕃坊”的兴起，穆斯林蕃客的入居和宗教场所的建立，为回族社区在广州的形成奠定了一定的基础。这从下述的史实可以行到证明。

萨义德·侯赛因·纳速尔著，王建平译：《伊斯兰教（世界宗教入门）》，上海：上海古籍出版社，2008.

其一，唐宋时期留居广州的穆斯林蕃客，其后裔有的成为广州回族先民的组成部分。

来自波斯、大食等国的穆斯林蕃客，由于长期在广州经商，有了一定的经济基础，加上广州繁荣的都市生活，对其有相当的吸引力，其中一些人便在广州落籍。朱彧在《萍州可谈》卷二中称，“诸国人至广州，是岁不归者，谓之‘住唐’”。这些“住唐”蕃客，史书称之为“土生蕃客”或“五世蕃客”。他们与“华人错居，相婚嫁，多占田，营第舍”，[5]“或取科第”[6]，逐渐华化。

唐宋时期留居广州的穆斯林蕃客及其后裔，究竟有多少人口，已无从统计。据成书于后梁末帝贞明二年（915）的《阿拉伯人及波斯人之印度中国纪

[3] 转引自张星良《中西交通史料汇编》，中华书局，1979，第2册第201页。
[4] 朱彧：《萍州可谈》卷2。
[5] 《新唐书》卷182“卢钧传”。
[6] 顾炎武：《天下郡国利病书》卷104。

程》卷一记述，唐僖宗乾符五年（871），黄巢攻陷广州，被杀的伊斯兰教徒、犹太人、基督教徒等12万人。[7]此外，南宋方信孺在《南海百咏》中记曰："蕃人，在城西十里。累累数千，皆南首西向。"据此推断，当时留居广州的蕃客绝非少数。

在众多的穆斯林蕃客中，以宋代入居广州的蒲氏家族最具代表性。宋岳珂所著《桯史》卷十一，详细描述了居住在广州"蕃坊"内的蒲姓蕃客的生活习俗及经济状况。初辑于明万历四十七年（1619年）的广东《南海甘蕉蒲氏家谱》，[8]对蒲氏家族的来源及其分布情况记载更为详尽。该谱载述蒲姓入粤初太祖为宋代人，自西域入中国。初太祖、二世祖、三世祖、四世祖等，均以阿拉伯语命名。[9]该家族入粤后前五代，大部分居住在广州市区及附近各县。传至第六代时，共有房族八支，除其中一支迁往福建泉州市，其余均散居在广东各市县。直至现在，该家族后裔仍有一支3000多人聚居在佛山市南海区甘蕉村，一支聚居在广州市黄埔区黄埔街珠江下街，一支聚居在广州市白云江高镇蒲村，另一支2000人多人聚居在海南岛儋州市的莪蔓镇上蒲村和下蒲村。由于长期与汉族杂居，这几支蒲姓后裔现已不再保持穆斯林的风俗习惯，但不能据此否认在回族共同体形成之时，他们属于共同体的一员。1990年至2001年，笔者曾先后五次到莪蔓镇考察，这支蒲姓后裔仍迫切要求要改为回族。

其二，唐代蕃客建造的怀圣清真寺，成为广州回族举行宗教活动和聚会的主要场所。

伊斯兰教传入的重要标志之一，是清真寺院的建造。据中外史籍记载及考古资料。大多数学者认为，唐代广州已建造了第一座清真寺——怀圣寺。[10]怀圣寺座落于广州市越秀区光塔路，占地面积2966平方米，由看月楼、东西长廊、礼拜殿、藏经室、光塔等建筑物组成。寺内的光塔，具有典型的阿拉伯建筑风格。塔高36.3米，下有两门，各有梯级可达塔顶。光塔原名邦克塔，即宣

[7] 转引自张星良《中西交通史料汇编》，中华书局，1979，第2册第207-298页。

[8] 《南海甘蕉蒲氏家谱》，天津古籍出版社，1987。

[9] 1980年代，广州市文物管理委员会在越秀山后知府蓙曾挖掘到该家族宋元二代祖坟，墓碑所记墓主的姓名均与家谱记载吻合。该碑现存广州南海神庙。

[10] 中元秀、马建钊、马逢达：《广州伊斯兰古籍研究》，宁夏人民出版社，1989。

礼塔，供召集穆斯林做礼拜之用。

怀圣寺作为中国最早的清真寺之一，从建造之日起，一直是广州穆斯林聚礼的主要场所。唐宋时期的“蕃坊”，即以怀圣寺为中心，穆斯林蕃客“率以五鼓登其绝顶（指光塔——引者），叫佛号，以祈风信”。元代怀圣寺毁于火灾，元至正十年（1350年）由中顺大夫同知广东道宣慰使司都元帅府副都元帅马合谋重修。明成化四年（1468年），外省回族军士入居广州后，达官司指挥阿都剌等17家在怀圣寺居住，成为明代回族军士的活动中心，迄至清代，省内外数名大阿訇到该寺执业传教，并开设了经学堂。中华人民共和国成立后，贯彻党的宗教信仰自由政策，怀圣寺被列为广东省重点文物保护单位，并多次拨款组织维修，使其面貌焕然一新。现在，怀圣寺是广州市伊斯兰教协会的所在地，并成立了寺管会，有3名专职阿訇主持教务工作。每逢“主麻”日及古尔邦节、开斋节等，广州及外地来的穆斯林，都聚集到该寺做礼拜及聚会，其社会功能及其在广州穆斯林心目中的地位，是其他场所所不能替代的。

其三，当年蕃客居住的“蕃坊”区域，成为广州回族的主要聚居地。

据广州市伊斯兰教协会马逢达先生多年考证，唐宋时期“蕃坊”的范围，以今广州市光塔路的怀圣寺为中心，南抵惠福西路，东以米市路为界，西至人民路，旧称大食巷，是大食穆斯林蕃客的聚居地。后因该巷东段建有怀圣寺和光塔，逐渐称为光塔路。但西段大食巷之名长期沿用，只不过改称为大纸巷，与大纸巷毗邻的蓬莱北，为阿拉伯语“真主至大”的音译，擢甲里，是阿拉伯语“小巷”之意；朝天路，“朝天”二字有“归天、朝天房”之意，是伊斯兰教徒出殡的必经之路。此外，仙邻巷、甜水巷、鲜洋街、诗书街等，也都是依据阿拉伯语的音译而名。[11]

由于上述蕃坊区域曾是广州回族先民的最早聚居地，加上怀圣寺位于此地，因此，在回回民族共同体形成之后，于明成化年间入居广州的第一批回族军士，亦以这一地段为居住中心，同时在周围地带建造了濠畔、南胜、小东营三座清真寺。此后，这四座清真寺的四向，便成为广州回族的主要聚居

[11] 《广州回族、伊斯兰教文史资料选辑》第3辑，广州市伊斯兰教协会文史资料编写组，1986年油印本。

地。据统计，1932年居住在这一范围的回族有1069人，占全市回族2145人的49.8%；[12]1964年为2385人，占全市回族4453人的57%；1982年为2311人，占全市回族5488人的42%；直至1990年，在这一范围居住的回族仍有1892人，占全市回族6166人的30.3%。[13]保留了回族大分散、小集中的居住特点。

二

伊斯兰教传入广州后，其文化通过各种方式在当地传播，而兴办经堂教育，则是最直接的传播途径之一。

唐宋时期留居广州的蕃客，为使自己的子弟学习文化知识，已在广州设立供其子弟就读的学校。宋蔡绦《铁围山丛谈》卷二载 “大观、政和（1107~1117年）之间，天下大治，四夷向风，广州、泉州请建蕃学。”宋龚明之《中吴纪闻》卷三 “学海类”亦记：“程师孟知广州，大修学校。日引诸生讲解，负笈而来者相踵。诸番子弟，皆愿入学。”

明代以后，随着回族主体的入居，广州已出现了经堂教育。经堂教育，有史可查的始于乾隆年间（1736~1795年）。当时由族人捐助，在怀圣清真寺内开办了全市第一间经学堂。光绪二十年（1894年），又在南胜里清真寺办起了另一间经学堂。此后在南胜里可竺巷十一号又办了一间女子经学堂，专门招收回族女生。宣统元年（1909年），在南胜里东约办了一间男子经学堂，专门招收回族男生。[14]

创办经学堂的目的，是为了传播伊斯兰教的基本知识和教规教义，培养阿訇和宗教人才。因此，早期经学堂的学习内容，主要是学习伊斯兰教的经典《古兰经》及教规教义，学的都是阿拉伯文和波斯文，不学汉语。

经学堂的教师由阿訇兼任，除少数为本地阿訇外，大部分是自外省入粤的阿訇。据广州市回族族谱、碑刻及有关资料统计，清代至民国时期，在广州各清真寺及经学堂传授经学的外省阿訇，至少有30名以上，其籍贯遍及甘肃、云

[12] 《广州市二十一年人口调查报告》，广州市调查人口委员会1932年编印。

[13] 全国第二次人口普查资料。

[14] 《广州回族、伊斯兰教文史资料选辑》第3辑，广州市伊斯兰教协会文史资料编写组，1986年油印本。

南、山东、江苏、安徽、浙江、四川、广西、湖南等十几个省份。[15]

除了外省籍的阿訇外，还有从国外远道而来的伊斯兰教学者。如乾隆十五年至十七年（1750～1752年），土耳其的墨克目德罕治到穗传教，住在先贤古墓礼拜寺内。光绪十二年至十五年（1886～1889年），西域满克（今沙特阿拉伯麦加城）的尔卜道拉喜，也在广州经学堂传授经学及介绍阿拉伯文化。

清代至民国时期，在广州传授经学的外籍阿訇及伊斯兰教学者人数之多，来源之广，这在国内其他城市是罕见的，究其原因，主要是由于广州是伊斯兰教传入中国最早的城市之一，市内建有中国最古老的清真寺怀圣寺，又有宛葛素先贤古墓等伊斯兰教的名胜古迹，出于宗教感情，他们慕名而来。此外，还因为广州地处中国的南大门，毗邻港澳，交通方便，便于对外进行文化交流活动。

经堂教育在广州陆续兴起后，其办学经费除了靠清真寺划出部分寺产租金维持外，更多的是得到国内外各界穆斯林的资助。在现广州市各清真寺保存的碑刻中，记载穆斯林捐款捐屋资助办学的比比皆是。如现存光塔寺的道光二十一年《敬送光塔寺学堂民房碑记》载："曾闻经学者，乃回教之根本也。有根而后发枝叶，有枝叶而后开花结果，而后熟成，重重无尽矣。有本而后资生，资生而后能生千倍万倍，叠叠无穷矣。吾教若习会经文，传教子孙，辈辈不息矣。（教）末马步青见回赐甚重，将上年冬季李邦基买下屋一间……，送为学堂公产，此租银在学堂需用。"另一存光塔寺的道光二十一年《金张氏捐屋碑》亦载："吾穆民所赖以归于正者，莫重于经学。经学明，则非僻之心，背典之事，皆无有矣。氏见古今之敬送产业于怀圣光塔寺者，代不乏人，以其为古寺也，企仰之心久矣。今乃将氏先夫，讳圣超所遗，又加年月积蓄，置有南圣里约坐北向南屋一间……，敬送于大寺为尝业，以为添助经学费用。"这些记述，表达了广州穆斯林在共同心理支配下的那种弘扬伊斯兰传统文化的迫切愿望。同时，也说明了在某种情况下，宗教信仰对于增强民族内部凝聚力具有不可忽视的作用。因此，不管是海内外教胞，还是达官贵人，或者平民百姓，甚至孤寡老人，都愿意为兴办经堂教育慷慨解囊，作出贡献。正因为如

[15] 杨棠、马建钊：《广州阿訇源流考》，载《广东民族研究论丛》第五辑。

此，使得广州的经堂教育，从清代创办以后迄至民国时期，能较长时间地坚持下去，并有所发展。

早期的经堂教育，因为只学阿拉伯文和波斯文，培养出来的学生不懂汉语知识，不适应社会发展的需要，影响了伊斯兰教及回族文化的传播和发展。因此，对旧式的经堂教育进行改革，已成为回族人民的迫切要求。

清末至民国初年，随着伊斯兰教革新运动的开展，经堂教育亦开始革新。清光绪三十二年（1906年），北京大阿訇王宽赴阿拉伯朝觐，并考察了西亚各国的教育事业。返华第二年，就在北京牛街清真寺创办了第一所半宗教半普通性质的回民学校——回民师范学堂。次年又创立清真第一两等（初等、高等）小学堂，改旧式的经堂教育为中阿文学校的形式。此后，全国各地的经堂学校竞相仿效。广州的回族，亦在这一改革浪潮的影响下，排除了旧习惯势力的重重干扰，在原有各经学堂增设汉文课程。

此外，光绪二十七年（1901年），又由广州、香港两地回族同胞筹款，在越华路小东营清真寺开办了一间义学堂，采用了中阿文并举的教学方式，半天学阿文，半天学中文，该学校历时47年，至1948年才停办。

秦惠彬：《中国的伊斯兰教》，北京：商务印书馆，1997.

由于对旧的经堂教育进行了革新，加进了新的教学内容。使学生在掌握伊斯兰文化的同时，能够学到中文和其它的科学文化知识，扩大了视野。因此，不少学生从经学堂毕业后，不仅能当阿訇，也能从事其它社会工作，有条件的还继续到其他学校深造。如陕西、甘肃的宗教学校，广西成达师范学校，中央陆军军官学校第六分校等，都留下了广州经学堂学生的足迹。其中熊振宗先生，还到埃及爱兹哈尔大学留学，并获得硕士学位。他们毕业后，除了部分人回到广东或被聘请到港澳地区担任阿訇外，大部分人则走向社会，从事各种行业，为国家和民族做了不少有益的工作。

为配合经堂教育，使回族群众更全面地了解伊斯兰教及回族的历史和文化，广州回族还先后重刊及出版了一些宗教著作、刊物和读本，计有《清真指南》(1871年重刊)、《西来宗谱》(1876年印发)、《穆民之一日》(1931年出版)、《天方学理月刊》（本世纪30年代创刊）、《清真三字经》(1940年出版）、《阿布伯克传》（1948年译版）、《中阿对照回民应用读本》（1948年再版）及《怀圣》报、《阿拉伯文拼音读本》、《哈庭》等等。

广州回族兴办的经堂教育，虽然从形式到内容，基本属于宗教教育的范畴，但它对于传播回族的传统文化，激发回族子弟的求知欲，培养本民族的人才，起到了一定的积极作用。同时，也为后来的学校教育奠定了基础，[16]从而促进了民族教育事业的发展。

三

伊斯兰教的经典《古兰经》第五章第三三节规定 “禁止你们吃自死物、血液、猪肉，以及诵非真主之名而宰杀的、勒死的、捶死的、跌死的、觝死的、野兽吃剩的动物，但宰后才死的，仍然可吃。”[17]伊斯兰教传入广州后，按照教规，这一习俗亦随之传入。《萍州可谈》卷二中就已记述宋代居住在广州蕃坊的蕃客。“受戒勿食猪肉”及“非手刃六畜则不食”。

广州回族在饮食习俗方面，同其他地方的穆斯林一样，讲究卫生，忌吃猪肉、自死动物和凶禽猛兽。由于居住在南方城市，平时的肉食，以牛肉为主，且牛只必须由阿訇念经后宰杀。为了满足自身这一消费生活特点的需要，因而在经济活动中，自然而然地形成了一些与此相适应的行业。其中，以清真屠宰业和饮食业最具特色。

广州回族兴办屠宰业始于清光绪年间。光绪二十一年（1895年），族人马逢际每日在家中宰牛栏，在太平桥（今人民南路）设档供应回民。[18]随后，脱勤在大南路柴栏巷开创回民牛十余头。此后，又有傅达兴在联兴街（今广州文化公园内的西堤附近）开设“万盛”牛栏。周宽在大南路华光庙开设“宽记”牛栏。迄至民国期间，相继出现“万合”、“巨成”、“三合”、“昆记”“永合”、“永盛”等数家牛栏，并有26个牛肉档分布在各回民聚居点，[19]满

[16] 现位于解放中路的广州唯一的回民小学，就是由设在怀圣寺内的经学堂发展而来的。
[17] 马坚译《古兰经》，中国社会科学出版社，1981年，第78页。
[18] 据广州回族乡老马道就口碑，载《广州市宗教志长编：伊斯兰教》初稿，1991年5月油印本。
[19] 马恩：《广州回民与牛肉业关系的历史》，载《广州市回族、伊斯兰教文史资料汇编》第1辑，1962年油印本。

足了回民的肉食需要。

清真饮食业较之屠宰业早。有史可查的始于清乾隆（1736-1795年）年间，当时有保氏家族在濠畔街开设“保氏线面店”。[20]清末民初，又有傅氏家族开设烧鹅店。此后，又有何氏的聚兴茶楼、杨氏的濑记楼、萨氏的云记茶楼以及萨堂记饼家和杨茶合记冰室等等。

清真屠宰业和饮食业，是建国前广州回族社区的主要经济行业。它们的兴起，不仅满足了回民的饮食需要，而且解决了大部分人员的就业问题。但是，由于在经营范围和制作工艺等方面，约束诸多，因而发展艰难，“回族身上两把刀，一把卖牛肉，一把卖切糕”、“牛死唔（不）闭眼，丢下小刀冇（没）咗（了）米”的俗语，就是对其建国前经济状况的生动概述，诉说出他们不干这一行就无米下锅苦衷。因此回族的经济生活长期落后于当地其他民族。

新中国成立后，广州回族人民同各族人民一样，开始了崭新的生活。为帮助他们改变落后的经济状况，党和人民政府采取了一系列有效措施。首先是安置失业人员，仅20世纪50年代初期，就有数百名回族青壮年进入到各个行业工作。同时，还组织回族群众进行生产自救，建立民族企业等等，扩大了就业面。据1990年统计，全市回族就业人员3206人，分布12大类行业，从职业看，其变化更大，各类专业技术人员占27%；国家机关、党群组织、企事业单位负责人占9.2%；办事人员和有关有员占9.4；服务性工作人员占10.6%；农、林、牧、渔劳动者占0.4%；传统行业和商业工作人员仅占10%。[21]近20年来，随着改革形的深入开展和市场经济的确定，回族人口就业的行业和职业更倾向于多元化。

马强：《流动的精神社区：人类学视野下的广州穆斯林哲玛提研究》，北京：中国社会科学出版社，2006.

新中国成立60多年来，广州回族在业人口的行业和职业构成已发生根本变化，新的经济生活格局已经出现。但是，受宗教信仰的影响而形成的传统行业和职业仍然不同程度地保留着，有的甚至有所发展。如在全市各区仍有不少清真牛肉店和饮食店。尤其是位于广州市西门口的回民饭店（前身是1950年代建立的清真食堂），更颇具规模。该店现有干部职工110多人，设有座位400多

[20] 见怀圣寺现存《濠畔街尾铺屋送归老城新城四寺经堂碑》，乾隆三十五年（1770）立。

[21] 全国第四次人口普查资料。

个，成为全国最大的回民饭店之一。由于其经营的菜色品种独具民族特色，别有风味，既有1960年代从北京“东来顺”引进的清真名菜涮羊肉，又有各种自选火锅、香浓牛肉煲、马蹄羊肉堡，还有教门油香、羊肉咩包等。因此，到此就餐的各族群众尤其是国外和省内外穆斯林人士，骆绎不绝。在近年来举办的广州美食节中，该店的牛杂煲和教门油香等菜色点心，还受到中外美食家的赞赏，从而跻入广州美食的行列。

近年来，随着改革开放的深入，不少外省穆斯林来到广州，先后设了1000多间回民饮食店清真餐厅和拉面馆，经营具有西北西风味的菜色和点心，为广州回族传统的行业增添了新的光彩。

结语

综上所述，笔者有如下三点看法。

1．伊斯兰教传入广州之后，对广州回族社区的影响是巨大的。它不仅使广州的回族形成了以清真寺为中心的聚居区域，而且在《古兰经》教规的制约下，形成了与非穆斯林民族截然不同的风俗习惯，并在经济生活中出现了与此相适应的传统行业和职业。同时，受伊斯兰文化的熏陶，形成了共同的心理素质。这些影响，在今后一段较长的历史时期内，仍将以不同的方式继续存在。

2．伊斯兰教传入广州已有1000多年的历史，它之所以在过去甚至现在仍对广州回族社区的经济和文化产生巨大的影响，是因为它在其漫长的传播过程中，已逐步融合于当地各个时期的文化。由此说明，任何一种宗教的传播，都必然要与当地的具体情况相适应，才能保持其生命力，才能得到新的发展。

3．伊斯兰文化在广州的传播过程，也是国内外穆斯林和广州人民进行经济和文化交流的过程。通过交流，加深了彼此之间的了解，播下了友好往来的种子，并开出了芳香灿烂的花朵。这种在共同文化心理特征影响下所建立起来的联系，将是永恒的。

天主教

TIANZHUJIAO

天主教的传播如同海上天风，掠过古老的中国大陆，进入景仰与敬畏上帝的人的心中。下面就让我们跟随记者的脚步，去到一座座教堂，不仅聆听历史的声音，还要见证天主教在现代中国社会所背负的新的责任、所焕发的和谐光彩。

编者按

和的智慧——广东宗教文化行·天主教

海上天风

HAISHANG TIANFENG

明嘉靖三十年（1552）的初冬，西班牙籍传教士方济各·沙勿略病逝于南中国的一个小岛上。他带着信心而来，期冀能从这里开启向中国宣教的大门，不幸却怀着未酬的理想寂寞地死去。被沙勿略热忱所激励的天主教传教士们自17—18世纪开始大举入华，足迹遍及中国内陆，信徒也广至社会各个阶层。

1576年，澳门成立主教区，天主教以此为据点向中国内地传播。鸦片战争后，天主教的传播被解禁，各修会的传教士大批进入广东，深入城乡腹地。有文献可考的修会有耶稣会、多明我会、奥古斯丁会、方济各会、遣使会、外方传教会、圣言会等修会。除广州外，汕头、梅州、湛江等地，均成为天主教的布道中心。

由于天主教传教士的宣教策略建立在尊重中国传统，感化士人阶层的基础上，很快便在中国立足，如徐光启、李之藻和杨廷筠就被称为明末中

A20

和的智慧——广东宗教文化行·天主教

■对话

“教会不能脱离凡尘”

天主教：从广东传入中国大陆

1 利玛窦在肇庆绘出世界地图

2 教会禁止祭祖祭孔惹怒朝廷

3 美长老会行医传教学中国方言

■探幽

中山大学教授梅谦立

洋教士带“四书五经”到西方

国天主教三大柱石。天主教传教士不仅带来了迥异的信仰系统，而且同时传递了惊异的域外新知。他们仿佛是东西方两个世界的“中间人”，三百年间将中方和西方文化交通传递，介绍到中国的不仅有数学、天文、地理、兵器、医药、植物等可以经邦济世的科学技艺，而且还有印记着强烈域外色彩的音乐、绘画、美学、神哲学、伦理学，这些外方新知改变了天朝国民知人论世眼光，世界的中心不再是天朝自己，士大夫们的视域从中国转移到一个更广阔的世界。

天主教的传播如同海上天风，掠过古老的中国大陆，进入景仰与敬畏上帝的人的心中。下面就让我们跟随记者的脚步，去到一座座教堂，不仅聆听历史的声音，还要见证天主教在现代中国社会所背负的新的责任、所焕发的和谐光彩。

起而径行

QIER JINGXING

记者手记

从广东传入中国大陆

广东是天主教最早传入中国大陆的地方。被列入对中华文明作出贡献的杰出人物——传教士利玛窦，是在广东肇庆和韶关活动多年后才北上的。利玛窦绘制出了中国历史上第一张采用经纬线标明的世界地图，并按要求将中国画在地图中央。传教士们带来的自鸣钟、地球仪和世界地图，为中国开启一扇看西方看世界的窗户。

改革开放以来，我省的天主教发展较快，为广东的发展作出了积极贡献。在今年7月1日举行的广东省宗教界“扶贫济困日”动员大会上，省天主教爱国会表示，今年将发动筹款64万元，扶持少数民族乡村的新农村建设。我省天主教界人士和信教群众自2007年以来，投入公益事业及扶贫济困的资金已有1300多万元。

利玛窦在肇庆绘出世界地图

明嘉靖三十年(1551年)，耶稣会西班牙籍传教士方济各·沙勿略随着西洋商船，在中国广东台山的上川岛登陆。这位传教士曾经将天主教传入日本。但是，他这次想登上中国大陆，却郁闷地病逝。

沙勿略的悲剧并未能影响同道中人，耶稣会、方济各会等各类教派后来不断派人再试。

三十年后，两位意大利传教士终于在广东肇庆落脚。其中一位，建起中国大陆第一座天主教堂、第一座西文图书馆，绘制出第一幅中文世界地图，开启了以科技和文化开路的传教之路，成为西学东渐和东学西渐的先驱，并最终实现了踏进紫禁城的梦想。他就是利玛窦。

广东因其特殊的地理位置，成为传教士所选进入中国大陆的首站。万历七年(1579年)，意大利传教士罗明坚随葡萄牙商船，从澳门踏进广东。他被称为明代第一个进入中国内陆的天主教传教士，到万历十一年(1583年)，他迎来了一位同乡后辈——利玛窦，并一起到了当时两广总督的所在地——肇庆。

从此，利玛窦这位后来在中国最有名的传教士，从这里开始了在华的神奇经历。利玛窦在肇庆和韶关共居住了12年，穿着汉服，讲着中文，周旋于士大夫中间。他与罗明坚用中文编写了一部《天主教实录》广为散发，还建起了中国第一所西文图书馆，展示其制作地球仪等新鲜事。1585年11月24日，在西江岸边，中国内陆第一座天主教堂建成。教堂被起了一个极具中国特色的名字——仙花寺。

一般来说，科学与宗教似乎是矛盾的，但传教士们却是以前者来为后者开路，而且也因此长留青史。澳门大学历史系教授汤开建介绍说，最值得一提的是，利玛窦在当时的肇庆知府的要求下，绘制出了中国历史上第一张采用经纬线标明的世界地图，使明朝的士大夫们第一次知道地球不是平的，中国不是唯一的文明国家。有意思的是，他所绘制出的第一幅中文世界地图，受到知府的质疑：中国为什么不在地图中央。于是，利玛窦只得重画一张，改变了欧洲人的一贯画法，将中国画在中央。这张地图被雕版刊印多份，作为礼物赠送上层人物。

他还在肇庆举办中国第一次的西洋画展，使国人第一次接触西洋画和西洋画法。后来，他携带大量西方珍宝及科技仪器，还包括西洋画进京觐见万历皇帝，令中国上层社会对西方有所改观。

汤开建教授认为，传教士带来《几何原本》和关于“日心说”等数学、天文和技术的书籍，这是把当时最重要的知识传入中国。在西洋科技制造方面，望远镜在发明仅仅二十多年后，中国市场上就已经有国产货卖了。还有一位叫金尼阁的传教士，在欧洲募集了7000部西洋科技书，涉及天文、地理、文化等各个方面，对当时的社会产生重大影响。汤教授强调：“虽然，传教士们主观上是来中国传播天主教的，但从客观上来讲，他们对中西方文化和科技等方面的交流功不可没。”

教会禁止祭祖祭孔惹怒朝廷

汤开建教授还介绍说，继利玛窦之后，天主教越来越多传教士相继来华传教。当时从欧洲来中国的航程十分艰险，最后到达中国的只有十分之三。因此，他们遇到的最大困难还不是这些，而是教规与中国传统文化的冲突。

在传统的天主教教规是不允许有偶像崇拜的。因此，罗马教廷一直禁止中国的天主教徒祭祖祭孔，还曾专门派特使来中国强调这一点。这样一来，天主教会便先后与明朝、清朝政府发生冲突。

每当朝廷为此发怒，中国的南大门——广州就成了传教士被拘禁的地方，以便随时逐出中国。1666年，有23位来自各国的洋教士被朝廷从四川、浙江等地驱赶，软禁在广州的教堂。这期间，他们就有关中国传统礼仪与天主教如何协调的问题，展开了激烈的争论，然后整理出24条折衷的礼仪办法上报罗马教廷，结果并未得到接受。

1717年，罗马教廷的顽固态度令康熙皇帝忍无可忍。在他看来，外国的传教士在中国国土上不允许我们祭祖祭孔，这是“背离天伦”的事。于是，他下达了传教禁令，驱逐传教士，除非是走“利玛窦路线”，不干涉“中国礼仪”才例外。

第一次鸦片战争后，中法签订了《中法黄埔条约》，规定法国人可在通商五口建立教堂。从此，西方天主教会挟列强之威，进入中国的城乡，甚至在一些地区权势膨胀，引起民众反抗。正如加拿大多伦多大学秦家懿教授所说：“这时，罗马教廷和欧洲列强结成同盟。”

行医办学

晚清时期，各国传教士大批进入岭南，深入广大城乡进行传教活动，越是偏远的地方越有他们的足迹和教堂。

然而，中国的老百姓原先多信佛信道，要让他们改拜洋人模样的耶稣，光靠听洋神父讲道念经是不足够的。当时的教会就一方面大建教堂，一方面大办慈善或救济活动来吸引百姓，招徕教徒。他们建立了老人院、孤儿院、男校和女校等，对来参与礼拜的人赠送食品等，因此入教的以劳苦大众占多数。至1949年，广东全省已经有天主教徒约10万人。

慈善文化是天主教的一大重要内容。在清朝，不少西方医生受教会派遣，来广东既传教又行医。不管其动机如何，毕竟为极为缺医少药的百姓送来帮助。

梅州的梅江桥，是由法籍神甫龚善传设计，教会还捐助了部分资金。另外，教会还在教区开办学校，上世纪三四十年代，天主教在全国办的学校多达2000所，还有3所大学。如江门的多默学校招收学生100多人，露德女子小学则招收女生200多人，免收书、学费，课程有国语和算术及社会课程。这促进了中国现代教育的形成。

对话："教会不能脱离凡尘"

黄炳章神父（广东省天主教爱国会主席、天主教汕头市若瑟堂主任司铎）

甘俊邱神父（广东省天主教爱国会副主席、天主教广州教区主教）

记者：新时期如何发挥天主教为构建社会主义和谐社会的积极力量?

黄炳章：党和政府提出："发挥宗教在促进社会和谐方面的积极作用。"以天主教来说，我们要在讲经说教上下功夫，大力弘扬爱国爱教精神，主张家庭和睦，化解矛盾；勤劳致富，诚信经营；主张关爱弱者，以人为本，与人为善，与社会为善，与大自然为善。

同时，要教育和引导广大信教群众加强自身修养，树立良好的道德形象，培养良好的道德品质和文明风尚。针对社会上的一些不良风气，比如“六合彩”变相赌博成风，本人多次讲道时力劝教友远离“六合彩”，还以教会名义向各堂点发出公告，禁止教友参与“六合彩”等赌博活动。

记者：天主教在开展社会慈善事业方面有什么具体的做法？

黄炳章：近年来，包括天主教会在内的各宗教组织，积极参与各种扶助贫困、救助灾民的行动，以无私的服务和奉献精神，赢得了受难同胞的信赖。如在汕头，我们动员教内有财力的企业家捐款资助教会贫困大学生、中小学生完成学业，解决了教区内贫困学生读书难问题。

我们在汕头教堂就组织近100人的仁爱义工组，经常探望老弱病残者，为弱势群体做好事。近几年来，汕头教会为各项慈善活动捐款、捐物共计860万元，赢得了当地政府和社会各界人士的好评。教会多次组织教徒参加无偿献血，我自己先后参加13次无偿献血活动，以实际行动奉献爱心。

记者：中国天主教会有着鲜明的中国特色，即坚持走爱国爱教和独立自主自办教会的道路。为什么要强调独立自主自办呢？

甘俊邱：因为只有独立自主自办，才能让中国教会的神长教友当家作主，彻底摆脱外国势力的控制，这才符合一个主权国家应有的尊严，这既是党和国家的宗教信仰自由政策，也是中国广大神长教友的愿望。

同时，我们在推进民主办教工作，这是指通过民主协商决定教会内部的重大事情，这能够避免“一言堂”，又可以调动广大

神长教友的积极性，参与教会的各项事务和活动，服务社会、服务人群。

记者： 历史上，天主教在传入中国过程中遇到过不少挫折，那么当今的天主教如何与社会相适应呢？

甘俊邱： “物竞天择，适者生存”。中国天主教教会的历史清楚地告诉我们：教会过去因“礼仪之争”，结果被朝廷“百年禁教”。我认为：在当今社会，中国天主教要发展下去，就应与社会主义社会相适应，服从国家，适应社会，融入文化，即将基督的精华融入中华传统文化之中，才能被中国人民所认同、接受。

记者： 进入21世纪，广州这个祖国南大门、改革开放的前沿阵地，汇集了全国各地和各阶层的人士，以及来自世界各地的宾客。这里充斥着不同的文化、思想和各种社会现象，这对于我省的天主教会产生什么影响呢？

甘俊邱： 这既是机遇又是挑战。教会不能脱离凡尘，更要入世。我们神父对此有使命感、责任感，要多关心世界、国家和社会大事，在日常弥撒中为国计民生、为受灾人群祈祷。

记者： 与天主教有关的音乐也是很有魅力的。你们在这方面有什么尝试吗？

甘俊邱： 我最引以为自豪的是，2009年5月12日，为纪念“5·12”汶川大地震一周年，支援灾区灾后重建，我们教区与广州交响乐团在石室教堂联合举办“义演音乐会”，用圣洁的艺术缅怀逝去的生命，祝福不屈的人民，当晚筹得善款73万多元。这次活动也使广州成为我国继北京、上海之后，第三个在教堂举行音乐会的城市。

洋教士带“四书五经”到西方

——对话中山大学教授梅谦立

2010年是利玛窦在中国逝世400年。

在北京中华世纪坛的中央大厅，那组雕刻着对中华文明作出贡献的杰出人物的浮雕壁画中，仅有的两个外国人就是马可波罗和利玛窦。利玛窦这位来自意大利的传教士，在中国历尽荣辱坎坷，绝对想不到身后能在中国历史上享有盛誉。

“我认为，人们对他的了解和研究还不够全面。”中山大学哲学系法国籍教授梅谦立，多年研究这位传教士，还在酝酿一本有关的专著。他说：“大家往往注意他在北京的荣耀，而没关注他在广东12年的努力。广东肇庆是利玛窦在中国待得最久的一个地方，也是后来成就的一个出发点。他在这里学习中国文化，了解中国的政治社会制度，以及中国人的思想，为以后的发展打下基础。另一方面，我们要肯定他‘西学东渐’的成就，也应该重视其‘东学西渐’的功劳。”

是的，他既将世界地图和地球仪带给中国人，也将《四书》、《五经》带给西方人，可以说是“东学西渐”开路人。

梅教授说，教会认为学习中国文化是在这里传教的基础，翻译《四书》，作为新来华的传教士学习中文的教材。利玛窦的前辈罗明坚，就是第一位写这种语言教材的耶稣会士，他列出中文原文、拉丁文对照，还有中文拼音。可是，他还没翻译完《四书》，就被教会召回罗马。

利玛窦大量阅读中国经典著作，比罗明坚看得远，认为中国文化不仅是学习中国语文的工具，也是了解中国社会的基础。

利玛窦看到过去所翻译不准确的地方造成了很多误解，于是在1594年重新翻译《四书》的重要部分。从此，新来华的传教士用利玛窦的译本来学习中文。耶稣会确认的来华传教士“课程计划”中，列入了《四书》和《尚书》。

1662年，传教士郭纳爵试图再进一步，与他的学生殷铎泽出版了《中国智慧》，收录了更多的中国哲学思想。

1666年，23位被朝廷软禁在广州的传教士，以郭纳爵为首将《中庸》译文稿子进行了修订。这即是所谓的“广州会议”。

梅教授介绍说，传教士们对利玛窦对于中国经典著作的理解，以及传教与中国礼仪的矛盾有分歧。多数教士肯定了中国哲学。而翻译了大量中国著作的传教士殷铎泽决定，系统地介绍中国思想的三个主要学派，即儒、道、佛。他于1669年完成著作《中国政治伦理知识》，另外还写了《孔夫子传》。

这些工作都为西方了解中国文化和思想，开启了一扇大门。当时大量的中国古典文献被翻译到西方后，孔子的学说、孟子的思想等等，对欧洲文艺复兴时期的思想家伏尔泰等人产生了重要的影响。

广州圣心大教堂：百岁教堂的悲吟喜唱

在广州城的一德路闹市，伫立着一座挺拔的巨大石制建筑。如果问起它的本名——圣心大教堂，许多“老广州”也不知道；但如果说石室，人们一定会说：“哦，就是那尖顶的教堂。”的确如此，这座东南亚唯一纯花岗石构筑的哥特式天主教堂，已经在广州的骑楼群中伫立了122年。

七月的一个周日，我来到这里，遇到英语专场的弥撒。长长的大厅里，不同肤色的信徒沉浸在肃穆的情绪当中；而相距十米的铁门外就是喧嚣闹市，客来客往、货进货出。

这强烈的对比，早已成为广州城的一景。

两广总督府废墟上建洋教堂

踏着悠扬的钟声，我走到它的跟前，只见在教堂大门东西两侧的角石上，分别刻有“Jerusalem，1863”、“Roma，1863”，取义为天主教创立于耶路撒冷，而兴于罗马。

1861年，乘着两次鸦片战争后之强势，洋教在中国长驱直入。英法联军将两广总督府夷为平地。法籍主教明稽章经过向拿破仑三世申请和迫使清朝政府同意，在清政府两广总督旧址的废墟上建洋教堂。于是，法国教会自耶路撒冷及罗马各取来泥土奠基。

教堂以法国一座教堂为蓝本设计，所用的花岗岩产于广东，而彩色玻璃窗则从法国运来。它先是由一位法国设计师负责指挥施工，但建设进展并不顺利，揭西石匠工头蔡孝接手这项工程。他在施工过程中加入不少中国元素，门屏刻上广式浮雕和图案，将建筑排水口雕刻成中国风格的狮子头造型……这使得石室既有欧洲文艺复兴时期的哥特式风格，又具中国传统建筑工艺的细节。

由于工程难度之大，这座教堂在经过整整25年，耗资50万法朗，才以2754平方米的建筑面积，呈现在世人面前。1888年，有“远东巴黎圣母院”美誉的教堂正式落成。然而，花岗岩的材质也抵不住战争和动乱的破坏。1938年和1949年，日军和国民党军队先后轰炸广州，教堂多处设施被焚毁。

十年前，天主教广州教区林秉良主教曾带着笔者参观这里。这位八旬老人充满感触地说：“石室在宗教、建筑和艺术上很有价值，却多灾多难。我自己就亲眼见过宗教人物的雕塑被砸，法国铜钟被拆。改革开放思想

解放的春风，才吹开了对宗教信仰自由的禁锢，教徒逐步恢复宗教活动。国家和广东省、广州市先后拨款对它进行维修。1996年，它被国务院列入国家重点文物保护单位。”

然而，毕竟经历了百年的风雨侵袭，它的砖瓦塌了，屋顶漏雨了，曾经的美人步入风烛残年。2002年7月，广州市政府决定对石室进行全面维修。到2006年完工，整个工程由广州市财政资助1890多万，教会和教友筹集500多万。石室从筋骨到外貌都犹如重生，哑了多年的塔钟也重新发出雄浑的钟声。

从2008年圣诞节开始，教堂从只在周日开放改为全年开放。近年来，随着广州国内外贸易和交流的活跃，除了全国各地天主教教徒外，越来越多来自海外教徒和游客慕名而来，共享这份洋为中用的文化遗产。每周日，教堂都会举行礼拜活动，分为普通话、粤语、英语和韩语专场。

东亚最大的哥特式建筑之一

石室作为东亚地区最大的哥特式教堂之一，将一份建筑艺术的瑰宝、一份宗教历史的画卷，深深地嵌入羊城的气质中。不管是否信教，人们望着那高耸的尖顶和斑斓的花窗，或者走进有强烈升腾感的长厅，即使不曾聆听上帝的声音，也会静思自己的心灵。

殿堂内外与巴黎圣母院等欧洲许多著名教堂相似，只是岁数和体积要小得多，都属于哥特式风格的建筑。

这种建筑艺术风格，于12-15世纪风行于欧洲。当时，为了顺应信奉向往“天国”的市民思想，于是教堂设计者和建筑者在风格和技术上进行了一系列改革，通过造型、结构和装饰细节强化向上升腾的动感，来表达强烈的宗教情感。

顺着大厅往里走，人会觉得自己很渺小。这是与它的结构有关，殿堂平面呈十字形，象征耶稣奉献精神；其东西宽35米，南北长78.69米，厅的长度是宽度的两倍，加上中厅高达28米；拱顶上，呈交叉形拱券的骨线向外凸，而米色的三角形部分向内凹，使大厅的顶部似飘飘欲升；另外，16对束状柱子，将中厅与两旁的侧廊相隔，加上许多狭长的窗户

的衬托，大大加强了空间的纵深感和高深感。这种效果显示出向往天国、弃绝尘寰的虔诚，把人们的注意力导向前方的祭坛。

人们一走进静谧的教堂内部，就置身于一种奇妙的光和影之中。这里的四周没有多少墙面，上上下下几乎让那50多扇玻璃窗占据了。大片的彩绘玻璃讲述圣经故事，加上被窗棂隔成许多小窗格，与室外的阳光相映照，令室内增加了几许神秘气氛。正面墙的那个圆形大花窗，精雕细镂的大花瓣和小花苞，以及小十字，纤巧华丽!据说，哥特式艺术的创作者认为，如同连环画一样的玻璃画，可以让教徒特别是那些不识字的教徒领会基督的精神，人们更易受到感染。我国最早出现的彩色玻璃画就是利玛窦献给明朝万历皇帝的礼物，而大规模地用于教堂镶嵌就是始于石室。

这些描绘圣经故事的98扇玻璃窗，是维修时最难寻觅的材料，最后交由菲律宾专业公司进行加工，总共600多平方米的彩绘玻璃花费了430万元。广州教区甘俊邱认为，这个钱花得值，因为彩绘玻璃是哥特式教堂的精华之一。

石室，其精美和魅力超越了为宗教服务的范围。

汕头若瑟堂：一九二二年强台风中坚固无损

我们到达若瑟堂的时候，正逢阴雨绵绵。大树被雨水洗得碧绿，衬得教堂更加清幽。港埠历史、斑驳外墙、翠绿青藤，成了若瑟堂古色古香的背景色。若瑟堂坐落于汕头市老城区外马路，许多市民习惯称之为“老教堂”。

我们走进若瑟堂，教堂正在做弥撒。年轻的神父站在祭台上，一口袅袅的潮汕话，援引圣经故事，教世人向善。钢琴声起，堂内近2000教友齐唱赞美诗，歌声似要穿透斑斓的窗，飞到远方。唱毕，教友们起身和身边亲友、陌生人互祝“平安”、“健康”，笑容里、目光中尽是亲切和祥和。

弥撒结束后，教友们陆续离去。老人家三三两两，聚在教堂门口聊家常、侃世情，这已经是他们每个星期的惯例。

据省天主教爱国会主席、若瑟堂主任司铎黄炳章介绍，1870年天主教由法国巴黎外方传教会传入汕头。1908年，法籍都必师神父主持建筑施工，在这里建成一座400多平方米的天主堂——若瑟堂。该堂当时为贝灰沙结构，附有部分唱经楼。主殿外侧均设连通的券廊，墙为空心砌块，加上流水通渠铁管埋于墙中，清洁冲洗，水由小孔流向铁管，设计十分巧妙。1922年“八·二”级强台风，全城几乎被夷为平地，而这座教堂的主教楼却完好无损。这

说明当时在设计上就考虑到了海边多台风的因素。这座教堂的设计和施工都非常精细。

后因教友日渐增多，若瑟堂已容纳不下。于是，若瑟堂再次于1999年重建，占地面积800多平方米，首层为停车场，二层为礼堂，三层为主祭圣堂，四、五层为近似“U”字形圣堂，六七层为罗马式圆顶作钟楼。若瑟堂糅合了传统和现代的风格，祭台处，墙壁上饰以极具教会传统的圣家塑像，背景则为现代繁荣的汕头市景。它目前是天主教汕头教区主教座堂，堂内设有2000多个座椅。其总高度近38米；堂内装有中央空调及闭路电视等，并配有电梯。教堂的各种活动很丰富，特别是每逢节日和星期天晚上，圣堂灯光绚烂，歌声悠扬，成为市区一道新的景观。

除此之外，若瑟堂还经常组织教友为困难群众施医赠药、义务献血等慈善活动。

一位老教友说：“老式有老式的美，新潮有新潮的美。新城区还有一座新教堂——圣家教堂，很现代也很漂亮，你有空可以去看一看。”

江门圣母圣心堂：爱心播撒麻风病人

翻阅江门侨乡宗教史，就会发现，无论天主教还是基督教，它们在侨乡的扎根和蓬勃发展都离不开华侨的身影，华人自办教会成了侨乡宗教文化的精髓所在。

江门的天主教堂有13间，而位于北街的天主教圣母圣心堂就是其中最为重要的教堂之一。

走进小庭院，穿过一道铁门，就进入了正在修缮中的教堂。与外面的喧嚣相比，这深深庭院里还种了菜、养着小鸡，俨然一个“世外桃园”。

原来北街天主教堂共有4座建筑物，外面的庭院是男修院，而女修院(也称修女院)则深藏于最里面的绿树丛中，被一道铁门将其与男修院相隔开来。正在修葺的是主教府，建得最早，整座楼有两层。在绿荫的映托下，为这里增添了几分安定、祥和的气息。

主教府后面是主教堂，一座单层的呈“工”字型西式建筑，其占地面积只有430平方

米，可容纳数百教徒在此礼拜、传教。每天早上，信徒们就聚集在这里做弥撒、唱圣歌。而它旁边就是女修院，是修女们学习、生活的地方，现在江门教区还有修女20多人。

北街教堂变迁见证着江门天主教历史发展。北街天主教堂是1923年由美国玛利诺外方传教会出资购地65亩建成的。当时共有楼房4座，面积约为2639平方米。1924年，粤中主教区(江门教区)主教府由阳江迁到了这里，成为附近一带天主教徒开展宗教活动的中心。文革后，这里恢复成为天主教江门教区中心，又成为教区圣母洁心会女修院所在地，如今也是天主教爱国会会址所在地。

提到江门天主教及信徒，不得不提到麻风病院，教会一直重视为这些不幸的人服务。江门五邑有三所麻风病院，其中台山大衾岛是由基督教传教士所办，新会猫山麻风院由天主教所办，曾有多名传教士在这里照顾病人。今天，大衾岛麻风院即将搬迁，病人减少。而猫山麻风院天主教堂仍有修女在这里长期服务。多年来，神父与修女们开导病人，使他们变得豁达、开朗和乐观。

深圳圣安多尼堂：特区里的年轻教堂

时代在发展，宗教也不例外。

深圳的天主教圣安多尼堂，就像年轻的特区一样，是个年轻的教堂，竣工至今还不到十年。其形状颇具时代特色，与传统的哥特式或者罗马式教堂建筑完全不同。其正面如“钟”，又如船，据说是隐喻警世钟和舟共济的精神。有趣的是，园林里建有仙乐飘飘的圣母山，正对大门处又立着一块31平方米大的LED电子屏幕。

从北京借调来的圣安多尼堂张天路神父说：“这个教堂很有特区的特色吧？”

对比在北京与深圳的工作，他说：“我于2007年被借调深圳。这与我过去长期所在的北京有许多不同之处。那里是有405年历史的教区，从信众来说，那里教友们是传统的、稳定的，许多是有家族历史的；而这里是中国最年轻的移民城市之一，人们较为单体化和个性化。我的工作也就随之有所调整，转变为多做社会服务，如为企业讲述如何应用宗教理论来看企业管理。许多企业不重视员工思想的引导，就容易出现类似富士康的事件，我要与大家分享心灵的感受。”

在他一到深圳不久，就面临深圳大学生运动会的宗教服务筹备工作。他提出深圳教堂要推行“七化理念”：年轻化、专业化、知识化、使命化、国际化、信仰本位化和与社会全方位相适应和谐化，向港澳和外国展示独立办教的形象。

如今深圳市大约有3万教徒，由5位神父负责9个堂、点的工作。这里也是数千位在深圳工作、居住的外籍和港澳台教友的心灵家园。除了每周日都举行英语弥撒，在特殊节日还有意大利语、法语和德语等语种的读经。

最近，圣安多尼教堂的建设增加了一些新元素：除了外墙安装了大型LED电子屏幕，

大厅内还安装4个投影仪和6部人电视。一位教友告诉记者：我们在这里既能感受到传统的宗教精神，又能体会到现代科技进步与宗教的相和谐。

这里不仅有宁静的、庄严的教堂仪式，也有丰富多彩的社会活动。深圳市天主教爱国会组织热心公益事业的教友们，组成了45个团队，其中还有境外人士参加。团队既组织学经诵讲经，又参与清除海滩垃圾、慰问麻风病人和孤寡老人等活动，还有相约出游和运动。比如，由企业老板们组成的团队，则举行人才培训、增加就业、资源共享等活动。圣安多尼堂还开办了免费的外语培训班，两年内先后有1800个学生。另外，爱国会还先后组织12次义务献血活动，总献血量达到9万毫升，成为深圳慈善事业的一张亮丽名片。

坐而討本

ZUOER TAOBEN

学者论道

传教士在广州翻译儒家经典

梅谦立 *Thierry MEYNARD* 中山大学教授

大多数学者认为，来华的耶稣会传教士彻底排斥宋明理学，却十分提倡先秦儒家。确实，从利玛窦起，在中文和西文著作中，他们很明确地表达类似的立场。但是，如果我们更仔细地研究这些著作，特别是研究他们所翻译的儒家经典，那么，我们能发现他们对宋明理学的态度是比较复杂的。他们所考虑的关键问题是：什么样的经典真正地代表孔子思想？他们反复阅读儒家经典，反复阅读各种各样的注释评论，然后，他们决定以 “诠释选择”来进行翻译工作。我们试图分析在通过多年的努力后，1687年比利时耶稣会士柏应理(Philippe Couplet，1623-1693年)所主编的《中国人的哲学家孔夫子，或中国知识》（Confucius，Sinarum Philosophus， sive Scientia Sinensis，1687年；简略为：《孔夫子》）。我们首先回顾翻译的复杂过程，从而我们可以对《四书》译文进行更正确的分析。

一、《孔夫子》的历史背景

因为杨光先（1597-1669年）所引起的“历案”的缘故，从1666年到1671年，23位传教士被软禁在广州。[1]传教士面对着中国天主教会的巨大打击的时

[1] 有十九位耶稣会士、三位多明我会士、一位方济会士；关于传教士的名单，参见：Josef Metzler， Die Synoden in China， Japan und Korea， 1570-1931 (Paderborn： Ferdinand Schöningh)， 1980， p. 23。

候，他们不得不重新思考他们的传教政策的正当性，而在这个方面，他们的意见不一，特别是关于“中国礼仪”这个老问题。过去，他们主要是从民间风俗习惯的角度去理解这些礼仪。可是，因为每个地方有不同的习惯，也因为士大夫和老百姓对礼仪的理解有所不同，所以传教士之间对“中国礼仪”的定义无法得到彻底地解决。因此，他们趁在广州的空闲时机来彻底地研究儒家经典，以孔子思想为标准来定义中国礼仪，而从那里推理到它们的得失、真假。为了说服自己，更为重要的是为了说服梵蒂冈和欧洲学者，传教士也投入了儒家经典的翻译工作。

把经典作为语言教材

那时，传教士的翻译工作并不是从零开始，而是继承了最近70年的功夫。最初，传教士只所以开始翻译《四书》，就是为了新来华的传教士，教他们中文。[2]这些课本教材就是一字一字地翻译，包括：中文原文、拉丁文对照、还有中文拼音来告诉西方人怎么发音。罗明坚(Michele Ruggieri，1543-1607年)就是第一位写这种语言教材的耶稣会士，可是，1588年，当他还没翻译完《四书》之前，就被要求返回罗马。他居住罗马的时候，因为耶稣会长上怀疑他的中文水平及其译文的正确性，所以他无法继续他的翻译计划。只有《大学》译文的前部分正式地出版。[3]

罗明坚返回欧洲之后，翻译工作好像在中国完全停止了。不过，1593年12月10日，利玛窦在书信里提到，他已经收到了范礼安(Alessandro Valignano，1539-1606年)的命令，他要翻译《四书》来预备一本中文“新天主教教

[2] 关于来华耶稣会的学习过程，参见：Liam Matthew Brockey， Journey to the East， The Jesuit Misson to China，1579-1724 (Cambridge： The Belknap Press of Harvard University Press， 2007)， chapter 7： “Learning the Language of Birds，” pp. 243-286。

[3] Antonio Possevino， Biblioteca selecta qua agitur de ratione studiorum (Rome， 1593). 参见：Knud Lundbaek， “The First Translation from a Confucian Classic in Europe”， in China Mission Studies Bulletin， I (1979)， p. 9， n. 29。

理。”[4]可见，范礼安愿意在“教理”里面引用《四书》，可是，先必须对儒家经典有很正确的理解，来避免神学错误。这点反映出耶稣会士对儒家经典的认真态度。利玛窦学习朱熹思想的时候，他发现新儒家所强调的某些基本概念，如“太极”或“理”，在先秦的儒家经典不占很重要的地位。另外，儒家经典所提到的“上帝”完全消失了。因此，利玛窦认为，宋明理学远离了先秦儒家的一神论，而走上了物质主义和无神论的路。既然孔子思想作为最终的标准，关键问题在于理解它的核心。为此，先要决定什么著作代表孔子思想，然后要对这些著作进行诠释工作，来把握正确的理解。利玛窦肯定，《四书》真正地代表孔子思想。但是，因为当时利玛窦没有把先秦儒家的经典和宋明理学的《四书》明显地区分开来，所以这种模糊的立场后来造成了很多问题。如此，1594年，利玛窦重新翻译《四书》的重要部分。利玛窦在他的学生身上考验了译文。后来，金尼阁（Nicolas Trigault，1577-1628年）也说，新来华的传教士都在用利玛窦的译本来学习中文。[5]很遗憾的是，利氏译本丧失了。不过，我们还能在《天主实义》（1603年）里发现利玛窦的努力之影子。[6]

1624年，耶稣会中华省副省长李玛诺(Manual Dias，1559-1639)确认传教士来华的四年制的“课程计划”（ratio studiorum）。传教士主要被要求学习《四书》和《尚书》。很久之后，在江西省建昌，中华省副省长郭纳爵（Inácio da Costa，1603-1666）试图改进利玛窦的翻译，而他跟他的学生殷铎泽(Prospero Intorcetta，1626-1696年)出版了《中国智慧》（Sapientia Sinica，1662年）。[7]译文包括孔子生平两页、《大学》部分十四页、还有《论语》的最初五章。五位耶稣会士修订了该译文。[8]这本著作被当代学者认

[4] 利玛窦致耶稣会总会长阿夸维瓦（Acquaviva）：Matteo Ricci，Lettere，ed. Piero Corradini (Macerata: Quodlibet，2001)，p. 184。

[5] Pasquale d' Elia，Fonti Ricciane (Roma: La libreria dello stato)，vol. 2，p. 35，n.5；被引用于Lionel Jensen，Manufacturing Confucianism (Duke University Press，1997)，p. 327，n. 19。

[6] Brockey，pp. 256-260。

[7] 参见：Henri Bernard-Maître，Sagesse Chinoise et Philosophie Chrétienne (Paris & Leiden，1935)，p. 128；也参见：Brockey，pp. 278-279。

[8] 修订者有：Canevari，Gouvea，Brancati，Couplet and de Rougemont. 参见：Chan，p. 11。

为，“第一本中、拉双语译文。”[9]

“广州会议”关于儒家经典的争论

1666年，在广州聚集的传教士，特别是郭纳爵和殷铎泽，关于《四书》的翻译已经累计很多经验。我们可以猜到，殷铎泽被遣返到广州的时候，他带了一本已经完整的《中庸》译文稿子，因为两个月之后，十六位耶稣会士修订了这本译文而确认它。郭纳爵的名字出现在名单上的最前面。这意味着，修订工作应该在他死亡之前发生，很可能是1666年4-5月时间。[10]

但是，在传教士之间很快发生了分裂。主要有两位反对利玛窦对儒家经典的理解和传教策略。第一位反对者就是方济各会士利安当（Antonio de Santa Maria Caballero，1602-1669年）。因为他在山东有了很成功的十五年的经验和传教果实，所以，在传教士当中，他具有相当高的权威。与利玛窦不同，他禁止中国天主教徒进行中国礼仪。在他的著作里面，他很清楚地表达自己的传教政策。[11]另外一位反对者就是多明我会士闵明我(Domingo Navarrete，1618-1686年)。[12]他阅读了郭纳爵和殷铎泽的《中国智慧》之后，表示不同意他们的翻译，认为他们把儒家经典修饰得太好。相反，他自己认为，孔子思想并没有很高的价值。在他后来所写的著作里面，闵明我把《四书》部分一句一句翻译成西班牙文，跟西方著作进行比较，特别是跟《圣经》、教父（奥力振、奥古斯丁等）和经院学家（阿奎那、卡耶坦等）的某些话比较。[13]通过这个方法，闵明我试图证明，西方著作的思想是更完整的、更正确的。如此，儒

[9] Jensen, p. 114。

[10] 十六位名字有：da Costa, Gouvea, Augery, Georgius, Le Faure, Canevari, Grelon, Couplet, Maia, Brancati, Motel, Rougemont, Pacheco, Ferrari, Gabiani, Herdtrich. 1666年5月11日，郭纳爵过世了。另外一个可能性，他们结束了修订工作的时候，郭纳爵已经过世，可是，其他耶稣会士还把他名字加进去。

[11] Antoine de Sainte-Marie, Traité sur quelques points importants de la mission de la Chine, Paris, 1701。

[12] 注意区分多明我会士闵明我和耶稣会士闵明我（Claudio Filippo Grimaldi）。

[13] Domingo Navarrete, Tratados historicos, politicos, ethicos y religiosos de la monarchia de China, Madrid, 1676, tratado tres。

家经典只算一种重复。传教士没有必要去赞扬《四书》来博得中国人的好感，而应该直接宣传《圣经》和西方哲学，使中国人自己明白真理在哪里。

按照闵明我的说法，一些耶稣会士已经发现利玛窦政策的不足。在他的著作里面，闵明我提出有两位耶稣会士向他表达他们对郭纳爵和殷铎泽的译文保持疑问。第一位就是何大化(Antonio de Gouvea，1592-1677年)。按照闵明我的叙述，何大化修订《中国智慧》的时候，他本来不同意该译文，但是他被逼迫签字。第二位就是当时作为副省长的刘迪我（Jacques Le Faure，1613-1675年）：1662年，刘迪我没有仔细地看《中国智慧》就容许出版；后来，当他仔细地看译文之后，他表示后悔允许出版。闵明我的说法并不一定完全可靠。可是，可以肯定的是，在广州，有某些耶稣会士表示不同的意见。那时，龙华民（Niccolò Longobardo， 1565-1655年）四十多年前所写的一个报告再出现。[14]继承利玛窦的职位，作为在华耶稣会的（1611-1622年）领导之后，龙华民于1623年写了这个报告，直接反对利玛窦对中国礼仪的解释。在《关于中国宗教的几点论述》里面，龙华民把民间信仰和士大夫的无神论思想区分开来：虽然平民比较相信灵魂不朽和上帝的存在，但是士大夫都怀着很固定的无神论和唯物主义。不过，士大夫故意不告诉无知人民，因为他们主张以宗教统治国家。[15]当龙华民写这个报告的时候，大部分耶稣会士还支持利玛窦策略。然后，这个报告被忘掉了。可是，四十多年之后，这个报告再一次出现，而引起了很大的惊讶。

在这种背景之下，虽然殷铎泽的《中庸》译文已经得到了修订者的确认，可是它还要等待一年的时间之后，由当时的副省长成际理（Feliciano Pacheco，1622-1686年)于1667年7 月31日，即圣依纳爵的大节日，最终批

[14] Longobardi， Traité sur quelques points de la religion des Chinois， Paris， 1701；关于这本著作的介绍和分析，可以参见：李文潮，《龙华民及其<论中国宗教的几个问题>》，《汉语基督教学术评论》，第一期，2006年6月，159-184页。

[15] 参见：Pinot， pp. 312-313。

准。不过，因为官府控制的缘故，殷铎泽无法出版他的著作。而且，传教士之间的矛盾越来越突出，使他们决定，在1667年12月18日到1668年1月26日间举办会议，即所谓“广州会议”。[16]在开会的时候，利安当和闵明我会表达他们对儒家经典的排斥态度。相反，殷铎泽和大多数耶稣会士会表示，儒家经典应该作为传教工作的基础。会议中，传教士的争论无法得到解决。“广州会议”先后，殷铎泽被选择作为“中华耶稣会传教区代表”（Sinensis missionis procurator），被派到罗马去，关于教会的遭遇做报道，而祈求得到梵蒂冈的支持，特别是关于两个具体的要求：第一，批准中国人能升司铎职位；第二，在中国，除了拉丁文之外，还容许用中文做弥撒。[17]

学术性的翻译工作

关于儒家经典的翻译工作，这个“广州会议”是一个转折点。殷铎泽所受到的攻击，使他必须改变他过去的翻译方法。第一，在理论方面，必须把儒家的权威确定下来。因此，殷铎泽决定了要系统地介绍中国思想的三个主要学派，即儒、道、佛，而证明了儒家的优越。第二，必须把儒家与宋明理学更严格地区分开来，使先秦儒家不受到宋明理学的所谓无神论的怀疑。第三，因为《四书》原文很难正确地理解，所以必须在朱熹之外要找另外一个具有权威性的评论家。第四，必须提高《四书》译文的学术价值，提供很多语言和历史

[16] Handbook， p. 313。关于广州会议，参见：J.S. Cummins， A Question of Rites， Friar Domingo Navarrete and the Jesuits in China (Aldershot： Scolar Press)， 1993. 历史材料有：Acta Cantonensia Authentica in quibus praxis Missionariorum Sinensium Societatis Jesu circa ritus Sinenses approbata est communi consensus Patrum Dominicanorum， & Jesuitarum， qui errant in China (1700)， 106 pp; “Historia et disquisitio critica de Coetu Cantonensi a Jesuitis， Dominicanis ac Franciscanis in urbe Kuan Chiam Fu pro Christiana fide captives celebrato a. 1687 & 1688”， in Monumenta Sinica (1700)， pp. 186-389; “De las disputas que tuvimos en la metropili de la provincial de Kuan-Tung， los de las tres Religiones”， in Navarrete， Tratados Historicos (Madrid， 1676)， Tomo II， pp. 190-253; Monumenta Sinica cum disquisitionibus criticis pro vera Apologia Jesuitarum contra falsam Apologiam Dominicanorum， 1700. Cf. Josef Metzler， ibidem， xi. 还有后来编辑的重要文献： Thomas-Ignatius Dunyn-Szpot， Collectanea historiae sinensis， ab anno 1641 ad an. 1700， ex variis documentis in Archivio Societatis existentibus excerpta： duobus tomis distincta auctore， c. 1700。

[17] 参见：Albert Chan， “Toward a Chinese Church： the contribution of Philippe Couplet S.J. (1622-1693)”， in Philippe Couplet， S.J. (1623-1693)， The Man who Brought China to Europe， edited by Jerome Heyndrickx (Nettetal： Steyler Verlag， 1990)， pp. 66-67。

材料。为了处理第一、二点，殷铎泽写了很详细的论文；这就是《孔夫子》的序的前部分，称为《最初宣言》(Proemialis Declaratio)。[18]但是，殷多泽没有时间完成他的计划，因为他终于从中国官方当局那里得到了返回欧洲的许可。[19]因此，殷铎泽把《四书》的翻译工作托给三位佛兰芒耶稣会士：恩理格(Christian Herdtrich，1624-1684年)，鲁日满 (François de Rougemont，1624-1676年) 和柏应理。他们三位已经在中国呆了六七年的时间，而且，他们都已经参加过殷铎泽译文的修订工作。殷铎泽离开广州之后，他们以新方式投入了翻译工作。

不过，殷铎泽没有放弃他自己的《中庸》的简单译文。因为他很忙碌别的事情、或者因为官府的控制、或者其他原因的缘故，他在广州只木刻了《中庸》译文的最初26页而已——这就是整个书的一半。很可能中国当局突然地释放了他，而他很着急离开广州去澳门坐船，因为在《中庸》的第26页，文字很突然停止了，一句话没有说完。那时，好像他用已经准备好的刻板来印刷《中庸》译文的第一部分。他把26张刻板留在广州，而把印刷品带走。1669年，在前往欧洲的路途中，殷铎泽在果阿停了一段时间，使他能木刻了其它刻板（它们跟广州的刻板有很明显的差异），印刷了，而把印刷品的两个部分装订在一起。书的标题为：《中国政治伦理知识》(Sinarum Scientia Politico-Moralis)。[20]

从殷铎泽离开广州直到被扣留的其他耶稣会士被释放的时候，三位佛兰芒耶稣会士多花了三年时间进行新的翻译，加上解释译文。译文不再是一本语言教材，而是更具有学术价值的译文。不过，因为工作量太大的缘故，在过

[18] Knud Lundbaek，"Notes sur l' Image du Néo-Confucianisme dans la littérature européenne du XVIIIe à la fin du XIXe siècle，" in Actes du 3e colloque de Sinologie，Paris：Les Belles Lettres，Cathasia，1983，p. 135。耶稣会士是从胡光(1370-1418)所主编的《性理大全書》（1415）的第一、第二十六章中获得关于新儒家的信息。参见：《孔夫子》，Preface，xxii，xxxvii，xliii，cxiv。

[19] 中国当局要求从澳门来另外一位司铎来代替殷铎泽。参见：方豪，《中国天主教史人物传》，天主教上海教区光启社，2003年，328页。

[20] 这本很特别的书今天收藏于罗马耶稣会档案馆（JS 3 III）。除了《中庸》译文之外，包括更详细的"孔子生平"(Vita Confucii)。殷铎泽对译文不太满意，而从1670年9月17日起，他开始了在书上用手写修改。参见：Dehergne，Répertoire (1973)，在Intorcetta条里面。

程中，他们决定放弃翻译篇幅比较长的《孟子》，而只完成《大学》、《中庸》、《论语》的译文。[21]此后，六位耶稣会士修订了译文。在修订者的名单上，我们可以找到刘迪我的名字，使我们有理由怀疑闵明所说的话，即刘迪我后悔了容许出版殷铎泽的《中国智慧》。[22]1671年，译文稿子被寄到罗马。

同时间，在罗马，殷铎泽的使命失败了，无法得到梵蒂冈的支持。殷铎泽离开罗马之后，广州译文到达了罗马，编辑工作被托给基歇尔(Athanasius Kircher 1602–1680年)。基歇尔自己很忙碌，没有时间处理。1680年，当基歇尔死去的时候，翻译计划完全陷入了停滞状态；译文稿子被搁置在盒子里，存放于耶稣会的“罗马学院”（Collegium Romanum）。[23]

幸运的是，1679年，柏应理被选择作为“中华耶稣会传教区代表。”1683年12月，他才离开澳门，同年10月到达荷兰。1684年9月25日，他跟法国国王路易十四世见面，讨论把一批法国传教士派到中国。[24]1685年，在罗马，如同殷铎泽几年前一样，柏应理在许多方面无法得到梵蒂冈的支持，可是，在“罗马学院”，柏应理幸运地找到了他在广州十五年前所翻译的儒家经典的稿子。他决定把稿子拿走，而把编辑和印刷工作从罗马转到巴黎，因为在那里，他能依靠法国国王的支持。1686年，在巴黎，他进行了编辑工作，1687年，书最终面世，标题为：《中国人的哲学家、孔夫子，或者中国知识，用拉丁文表述，通过殷铎泽、恩里格、鲁日满和柏应理的努力》(Confucius Sinarum Philosophus, sive Scientia Sinensis latine exposita studio et opera Prosperi Intorcetta, Christiani Herdtrich, Francisci Rougemont,

黄一农：《两头蛇：明末清初的第一代天主教徒》，上海：上海古籍出版社，2006.

[21] 参见 Bernard-Maître, p. 131。后来，法国耶稣会士卫方济François Noël把《孟子》翻译成拉丁文，完整了《四书》的翻译：《中国帝国的六书》Sinensis Imperii Libri Classici Sex, Prague, 1711。

[22] Noël Goulvers, “The Development of the Confucius Sinarum Philosophus reconsidered in the light of new material,” in Western Learning and Christianity in China, Monumenta Serica, Monograph Series XXXV (Sankt Augustin: Steyler Verlag), 1998, vol. 2, p. 1142; 修订者有：Brancati, Le Faure, Grelon, Canevari, Pacheco and Ferrari; 参见 Rougemont的书信（1670年11月5日），引用在 Bernard-Maître, p 131。

[23] Cf. Golvers, p. 1150。

[24] Pinot, p. 44; 1685 年3月3日，六位“法国国王数学家”出海。Guy Tachard (1648-1712)停留在暹罗（今天的泰国），而1687年7月23日，其他五位达到了宁波。他们的名字是 Jean-François Gerbillon (1654-1707), Joachim Bouvet (1656-1730), Jean Fontaney (1643-1710), Claude Visdelou (1656-1737), Louis Le Comte (1655-1728)。

Philippi Couplet)。[25]除了《大学》、《中庸》、《论语》的拉丁译文之外，书还包括柏应理所写的《致路易十四世书信》和《中华帝国年代表》、殷铎泽所写的《孔夫子传》和殷铎泽、柏应理所写的《最初宣言》。在《致路易十四世书信》里面，柏应理恭喜“最基督徒的国王”（Christianissimus Rex）禁止基督新教，而表达他自己希望路易十四世能助于中国皈依天主教。

虽然传教士提醒了读者，不能把孔子看作为这些经典的作者，因为孔子继承了先王的思想，不过，他们还认为这些经典代表孔子思想，正确地体现孔子的精神，如同书的标题所说的那样。他们还更系统地解释《四书》的地位。虽然传教士不得不继承朱熹所编辑的《四书》，可是，对《四书》的历史来源和权威，他们自己编了与宋明理学不同的新学说。

二、《孔夫子》对《四书》的特殊定义

我们上面简略地描述《孔夫子》的历史来源。现在，我们需要从书本身理解耶稣会士所作的“诠释选择。”

（一）耶稣会与儒家经典的定义：五加四等于六

这里，我们碰到第一个矛盾。虽然传教士反对了朱熹的哲学体系，他们完全接纳他所定的《四书》，把它们作为儒家经典的核心和中国哲学的标准。当然，耶稣会士承认，从历史的角度来看，儒家经典最初等于《五经》，即《孔夫子》译“五卷” (Quinque Volumina)。[26]《五经》“属于［经典］第一类权威，如同中国政治伦理的知识的泉源”。可是，传教士试图证明，其实，跟《五经》比较，“《四书》受到最大的重视。”对传教士来说，以实用性决定经典。因为《四书》的影响力和实用性超越《五经》，所以，经典的核心并不

[25] 《孔夫子》 出版几个月之前，《大学》的英文版面世。参见：Matt Jenkinson, “Nathanael Vincent and Confucius's ‘great learning’ in restoration England”, in Notes and Records of the Royal Society, Volume 60, N. 1, 2006, pp. 35-47。

[26] 《孔夫子》, xv。

在于《五经》而更在于《四书》。

另外，从《四书》本身的角度，《孔夫子》论述它们的最高无上的优秀，提供四个论据：

第一，这两位哲学家［孔夫子和孟子］总是挑选了这些卷［五经］里面的最实用部分，使他们变成自己的东西。第二，在祖先发现的东西之上，他们加上了不少的东西。第三，他们把教义讲得比以前更直接、更明白。第四，他们把原来的粗糙磨擦掉，把黄金时代的明显的单纯，加以更优雅的风格修饰，没有假装、也没有诈伪。为此，我们没有把《五卷》而是《四书》翻译成中文，使欧洲人能通过它们判断整个中国哲学。可是，我们也不拒绝《五经》。如果需要的话，我们会查询它们，如同我们接近泉源，从它那边到我们的著作里取得清水。[27]

因此，对《孔夫子》来看，《四书》代表中国哲学的最精彩、最有理性的部分，而被视为最终标准。如此，《孔夫子》试图再提高《四书》的地位，给《六经》观念提供了一个新的含意：“解释者提到 Lo kim，或者《六经》，即 U kim su xu，，或者五经四书”。[28]传教士没有把《四书》中的每一本“书”当作为一个“经”，要不然五加四会等于九。他们把《四书》看作为《六经》中的第六“经”。我不知道在中国有没有一个解释者这样说过，因为，一般来说，第六经就是已经丧失的《乐经》。最有可能，耶稣会士自己发明了《六经》的这种说法，把《四书》作为第六经，使《四书》的权威性不低于《五经》。

确实，耶稣会士很正确地明白，在明清朝代，《四书》变成了在使用方面最主要的经典。它们作为那时的主流思想和科举制度的基础。当然，朱熹原来没有试图把他所界定的《四书》代替《五经》。而且，后来的明清士大夫，虽

[27] 《孔夫子》， xx。
[28] 《孔夫子》， xx。

然他们事实上用《四书》作为标准，可是他们没有直接否定《五经》的核心位置。传教士很明显把《四书》看作为儒家经典的核心，而把《五经》放在次要的地位。我们下面要看这种“诠释选择”反映出传教士的理性主义偏向。

（二）《四书》来源的隐瞒

耶稣会士知道“四书”就是朱熹的产品。而且，一接受《四书》，就要接受朱熹对《论语》、《大学》、《中庸》、《孟子》的编辑加工。可是，因为他们反对朱熹，所以他们只能隐瞒《四书》与朱熹的关系。确实，这个矛盾最初并没有那么突出。虽然利玛窦对朱熹思想保持了否定的态度，可是利玛窦和其他传教士一直以来就是从朱熹那里学习儒家思想。1624年，耶稣会“课程计划”明显地提倡用朱熹对《四书》的评论。而且，郭纳爵和殷铎泽的《中国的智慧》和殷铎泽的《中国政治伦理的知识》两本著作就是采用朱熹的《四书集注》。[29]

可是，“广州会议”作为一个分流。那时，传教士之间发生了热烈争论。他们更系统地讨论中国礼仪和儒家经典。那时，支持中国礼仪的传教士更能意识到他们立场的弱点。在《孔夫子》的《最初宣言》里面，殷铎泽自己承认，虽然朱熹的哲学体系偏向无神论和唯物主义，可是，《四书》原文反映出原来儒家思想，没有沦陷于思想困境和错误。为了更彻底地为自己的传教政策进行辩护，殷铎泽等耶稣会士决定更严格地区分一种纯粹的先秦儒家和一种堕落的新儒家。如此，他们决定不再用朱熹的《四书集注》。这就是为了这个原因，在《孔夫子》里面，朱熹与《四书》的关系完全被隐瞒。虽然《孔夫子》所用的《四书》的界定、版本、解释大部分来源于朱熹，可是他的影子却不出现。[30]《孔夫子》没有提到《大学》、《中庸》本来是《礼记》的两章，使读

[29] 在《中国政治伦理的知识》的序里，殷铎泽清楚地表达，他跟着朱熹的《四书集注》。罗马耶稣会档案馆收藏《四书集注》的明朝版本。上面有了耶稣会士潘国光(Francesco Brancati， 1607-1671)的笔记。参见 Albert Chan， S.J. ， Chinese Books and Documents in the Jesuit Archives in Rome (Armonk， NY： M.E. Sharpe， 2002)， p. 9-11。

[30] 朱熹的名字在《孔夫子》序里面被提到。不过，关于朱熹和《四书》的关系，殷多泽和柏应理保持沉默。他们提出朱熹对儒家经典提供新诠释，使后来学者更加扭曲了孔子思想的本意。

者错误地理解儒家经典在先秦时期已经完备。《孔夫子》也没有提到这些书的文字被朱熹重新整理。[31]虽然传教士很容易意识到他们所阅读的《四书》不是先秦著作，而更是新儒家的产物，可是，他们还试图把《四书》解释为孔子本人的思想。

很难确定谁下了不再提朱熹这种新的决策。是不是殷铎泽本人？他写了《中国政治伦理的知识》之后，在离开广州之前，他很可能下了这个决定。在《孔夫子》的著者名单上，柏应理把殷铎泽的名字放在最前面，很明显地表达出殷铎泽的重要角色。

（三）在朱熹之外，寻找其他评论家

既然传教士不能再用朱熹的评论，他们还需要依靠另外一个评论家来代替。那时候，他们有两个选择，唐朝的评论者，如孔颖达，或者宋明的评论者。第一个选择包含某些困难，因为在明清朝代这些评论不占主流，没有很高的权威性，没有很大的代表性。如果传教士要跟士大夫交流，他们不得不要用宋明的评论。除非要被淘汰，传教士无法避免他们时代的思想环境。而且，即使传教士找到了唐朝对《论语》和《孟子》的评论，可是，他们无法找到《大学》和《中庸》的评论，除非他们要在《礼记》的评论里面去找，而如果这样做，传教士无法把握对《四书》整体的一种系统解释。很清楚，传教士一开始决定要翻译《四书》，他们不得不要作第二个选择，即采用宋明的评论。而且，他们被逼迫采用宋明理学的评论之后，在翻译这些评论的过程中，传教士也发现，在许多方面，宋明儒家比先秦儒家更接近他们所拥护的经院哲学。因此，虽然他们妨碍直接引用朱熹的《四书章句》，但是，他们还选择非常接近朱熹的评论家来代替。

确实，《孔夫子》提到三个评论家的名字：Cham kiu Chim, Kieu kium

[31] 《孔夫子》提到，因为秦始皇的书焚缘故，有一些文字落了。

xan 和 Cham Tum ço。[32]第一个名字就是张居正。传教士选择了张居正作为基础而代替朱熹。其实，很早以前耶稣会士知道张居正的《四书直解》（1573年）。起码从1624年起，耶稣会士开始了采用张居正的评论，因为“课程计划”确认张居正作为朱熹之外的另一个好选择。[33]张居正专门给十岁的万历写了这个评论，而且他要求万历每天诵读《大学》十次。[34]张居正认为，一个统治者应该采用儒家经典作为统治的基础，使他能在这个基础上改革人性和社会。[35]《孔夫子》提出好几个理由以为了支持选择张居正：

在丰富和宽度上，还有在文风清楚上，没有其他的评论比他的好［删略］。他的评论被任何中国人所用。虽然它属于新解释者——他是最近一个，与其他当代解释者不同，他没有创作新神秘。为此，我们主要跟着他。[36]

这里列入了三个理由：文风、权威、正确。第一，因为评论给十岁的孩子写，所以文字易懂。跟朱熹比较，张居正提供了人物的历史背景。第二，张君正的评论很流行。在这方面，耶稣会士的说法有一点夸张，因为张居正的评论远远不能跟朱熹的比。而且，张居正过世之后，他的名誉受到很严重的破坏。不过，1651年，他的著作被容许重印。第三，关于正确方面，《孔夫子》的说法很难立足。我仔细地阅读《孔夫子》原文跟朱熹和张居正的评论。虽然拉丁文主要跟着张居正的文字，可是，张居正的评论离不开朱熹的意义。《四书直解》的次序和最大部分内容跟朱熹的《四书章句》是一致的，小异大同。我们很容易发现，张居正只是用白话文来给十岁的万历皇帝介绍朱熹的评论而已。

[32] 《孔夫子》， ciii。

[33] 参看：Liam Brockey， Journey to the East， Harvard University Press， 2007， p. 266。按照Mungello教授，《孔夫子》 采用了《張閣老直解》的1651年版本。参看：Mungello， David E， “The Jesuits' use of Chang Chü-Cheng's commentary in their translation of the Confucian Four Books (1687)”， in China Mission Studies Bulletin， 1981， p 16; Curious Land: Jesuit Accommodation and the Origins of Sinology (Honolulu: University of Hawaii Press， 1985)， p. 269。无奇怪，张居正对《四书》的评论今天收藏在罗马耶稣会档案馆（《張閣老正字四書直解》1635年；Japonica-Sinica， I-14；参见：Chan， Chinese Books and Documents in the Jesuit Archives in Rome， pp. 13-14. A）和巴黎国家图书馆（Courant 2844-2846 and 2849）。

[34] 参见：朱東潤，《張居正大專》，天津，白話文化出版社， 2000年，167页。

[35] 关于万历和张居正之间的复杂关系，参看 Huang， Ray， 1587， A year of no significance (New Haven: Yale University， 1981)， pp. 1-41。

[36] 《孔夫子》， cxiv。

张居正的评论也只是《四书集注》的释义。[37]我认为，传教士不可能没有发现这一点。

三、宋明理学与西方哲学的结合

上面我们已经说明了，虽然耶稣会士彻底地排斥朱熹的某些概念（如“太极”和“理”），虽然他们放弃了朱熹对《四书》的评论，可是，通过张居正的评论，他们还继续接纳朱熹的许多重要观念。虽然耶稣会士说明他们试图回到孔子本身的思想，可是，此路不通。他们对《四书》的解释绝对不反映出先秦儒家，而更反映宋明理学。我们先要说明，怎么《孔夫子》代表宋明理学的三个主流观念，而且，怎么这些观念跟西方思想连接起来。

（一）朱熹理性主义和经院哲学的结合

在这里，我想说明，耶稣会士在译文里面吸收了宋明理学的许多观念，因为这些观念比先秦儒家更接近他们自己的哲学立场。传教士试逐渐意识到，他们所面对的中国思想构成了一种体系，即“中国知识”（Sinensis Scientia），如《孔夫子》的副标题说明。他们设图揭露中国思想体系，来回应他们自己的体系，即“欧洲知识”（Europea Scientia），以建立两个体系之间的思想桥梁。虽然传教士无法公开地表达这点，可是他们非常佩服朱熹，因为他们在他那里找到了一种哲学体系：朱熹不仅成立了儒家的经典体系，而且他把这些经典整理好，使《大学》的“三刚八目”成立了很富有逻辑次序的思想提纲。因为耶稣会士自己非常重视哲学，所以他们更容易接纳朱熹的哲学体系。

当然，传教士在讨论“欧洲知识”和“中国知识”的时候，他们构成一种张力：基于理性的知识跨越文化界限，可是，把“知识”修饰“欧洲的”或

[37] 当然有一些解释来源于程颐，如《大学》里面“亲”当作为“新”。

"中国的"，使它失去了普遍性。不过，耶稣会士通过"知识"的共同名词能建立两个文化之间的桥梁，而强调它们之间的同一。普遍理性能表达两个文化的统一性。如此，《孔夫子》代表一种理性主义的企图。我们可以节取《大学》译文的开端来看清这一点：

"1大2学之3道，4在5明7明6德，8在9亲10民，11在12止于13至14善。"

1Magnum adeoque virorum Principum，2sciendi 3institutum 4consistit in 5expoliendo，seu excolendo 6rationalem 7naturam à coelo inditam; ut scilicet haec，ceu limpidissimum speculum，abstersis pravorum appetitum maculis，ad pristinam claritatem suam redire possit. 8Constitit deinde in 9renovando seu reparando 10populum， suo ipsius scilicet exemplo & adhortatione. 11Constitit demùm in 12sistendo firmiter， seu perseverando in 13summo 14bono; per quod hîc Interpretes intelligi volunt summam actionum omnium cum rectâ ratione conformitatem. Atque haec tria sunt， ad quae reliqua hujus libri reducuntur.[38]

在拉丁译文里面，有些字带号码，来对应原文的汉字。[39]不带号码的其他文字相对于中国评论家的解释译文。上面的拉丁文的翻译就是这个意思：

学习的主要目的，特别是对君王来说，在于精炼和培养天赐给的合理本性，使它，如同一个最明亮的镜子，以去掉堕落欲望的污点，能返回自己原来的透明度；然后，通过自己的标样和劝告，在于革新或改革人民；最终，在于固守和坚持在至善中。评论者解释这个为，我们一切的行为的综合符合正当理性。这些三点概述书的全部。

在耶稣会的翻译，"明德"失去了它本来丰富象征性的意义，而被抽象地概念化，作为："合理本性"（rationalem naturam；主格：rationalis natura）。这种理解丧失了美德和情感部分，而只强调了理性部分。很明显，

徐宗泽：《中国天主教传教史概论》，上海：上海世纪出版集团，2010.

[38] 《孔夫子》， p. 1.

[39] 其实，两个字没有相对的翻译（"之"和"于"），因为拉丁文用名词变格来代替。

这种解释并不反映出先秦的《大学》原文，而更受到了朱熹和张居正的影响：“盖必其有以尽夫天理之极”。如此，朱熹和张居正把“明德”解释为“天理”，拉丁文译成了“正当理性”（recta ratio）。另外，传教士也从他们自己的思想框架中出发来理解“明德”，主要从亚里士多德哲学和经院哲学出发。虽然朱熹的“理”与经院哲学的ratio有所不同，可是传教士认为，这两个概念基本上可以相通。从他们的经院哲学立场来看，“自然界”、“人界”甚至于“神界”都具有普遍理性，而刚好，传教士在朱熹对《四书》的解释里面找到了“理”的观念。因此，“盖必其有以尽夫天理之极”的“尽”被解释为“符合”（[esse] in conformitatem），使这种解释类似于经院哲学的“物与知的符合”学说（adaequatio intellectus et rei）。

拉丁文也加上了一个注释，表达这种“合理本性”是天赐给的（à coelo inditam）。在张居正的评论里面，我们找不到这种注释，可是，朱熹说：“明德者，人之所得乎天。”传教士很容易接受了这种观念，因为它强调某种超越起源：虽然“明明德”就是一种人性的内在过程，可是这种过程还依赖于某种外在的东西，如“天”或“上帝”赐给的东西。

另外，关于“亲民”，虽然传教士承认了“爱民”的本意比较符合基督宗教的核心道理，可是在译文中，他们还保持程颐以来的宋明理学的正统阅读，即“新民”的意思（renovando seu reparando populum；不定式：renovare seu reparare populum）。为了翻译另一个核心观念，即“至善”，传教士采用了经院哲学的术语：summum bonum，经常被理解为一种超自然的目的地。意思是说，行动达到自己目的之后，行动过程已停止和消失了，使能投入永远不动的沉思（contemplatio）。因为经院哲学把“至善”跟永远不变的“上帝”连接起来，所以“至善”被理解为一种超自然的平静状态。其实，《大学》的“三纲”可以获得同样的解释：最初的“两纲”（明明德、亲民）代表一种预备工作，而人心达到“第三纲”，即“止于至善”的时候，最初的“两纲”失去了任何意义和作用。因此，经院哲学的summum bonum和“至善”这两个概念可以通。另外，在《大学》译文的最后部分，《孔夫子》也提出了中国哲学跟欧洲哲学相比更优势：

尽管欧洲哲学跟中国哲学在论证的庄严方面是同等的，可是，在文雅、精明、语言丰富和优美，它无法有资格超越它[中国哲学]。而且，我当说，在古旧方面，它配不上，因为中国哲学延续那么长久的时间。当然，在亚洲和欧洲，有迷信的神最初产生出来，可是，当中国人的成熟美德加强时，皇宫转为了美德的‘吕克昂’。当欧洲几乎被看作为文盲、无国王、无法律的时候，中华帝国一直以来有很文明的国王和法律来领导；中国已有了名声、勇猛和修养。[40]

这里，我们还需要注意，标准并不是普拉图的学院（Academia），而是亚里士多德的“吕克昂”（Lyceum）。与《中国札记》不同，传教士不再提中国缺乏逻辑的批评。相反，在“论证庄严”上，欧洲哲学和中国哲学都获得了同等的水平，而且，中国哲学在其他方面超越了欧洲。如此，《孔夫子》把中国哲学跟希腊哲学的理论哲学连接起来：中国哲学有系统，有逻辑，建立在理性的基础上。当然，传教士在暗示，如同基督神学通过希腊的理性，获得了思想的发展，同样中国基督宗教通过儒家的理学，也能获得发展。如此，《孔夫子》评估中国哲学的优势，它那么强调了理性的作用，使它比欧洲更早脱离了非理性的迷信。虽然《孔夫子》没有直接提到亚里士多德的名字，但是，《孔夫子》暗示，如同亚里士多德作为西方的“哲学家”，孔夫子也作为中国的哲学家。[41]

方豪：《中国天主教史人物传》，北京：宗教文化出版社，2007.

上面的这些例子足够证明，传教士直接或间接纳朱熹的基本观念来理解《四书》，这就是因为他们能在他那里与他们自己的思想连接起来。在传教士

[40] 《孔夫子》， p. 38。

[41] 孟德卫Mungello， David E.， The Great Encounter of China and the West， 1500-1800， New York： Rowman & Littlefield Publishers， 2005， p 60。

看来，先秦的儒家经典不包含很严密的理性，然而，通过朱熹的评论，它们获得了更高的哲学价值。[42]

（二）张居正与耶稣会士的政治思想

虽然传教士在朱熹的解释上翻译了《四书》，他们也很明显地偏向形而上学和理性主义，可是他们也从张居正那里接纳了一种强调，即他的政治思想。如此，他们都注意到《四书》所包含的实践哲学，把《四书》归类于伦理学和政治学的著作。

朱熹把“大学”解释为成人之学；意思是说，《大学》作为普遍教育的课程。如此，《大学》所描述的“三纲八目”就是所有成人要参与的事。虽然并不是所有成人有具体的机会来实行“齐家”和“治国”，可是“三纲”扮演人生哲学的普遍范畴。相反，在张居正的时代，知识分子认为，朱熹的思想太抽象，而他们更强调“实学，”特别是在政治方面。如此，张居正回到了先秦的原意：《大学》并不是为了所有成人而写的，而“特别是对君王来说（adeoque virorum Principum）。” 确实，与朱熹不同，张居正把“君子”大多数解释为一个君王、一个政治上的领袖。[43]张居正评论《四书》的时候，“君臣”关系在他的身上有了很具体的体现，而他试图把《四书》作为他个人与万历皇帝之间的政治蓝图。《孔夫子》跟着张居正的政治诠释，而试图把统治者放在思想体系的中间。

朱熹认为君王的主要责任就是提供一种道德榜样：人民一看到君王的内在教化，他们马上就会回归到他们自己的内部修养，而从那里出发，他们会自动地发挥他们自己要负担的“齐家”和“治国”任务。比如，关于《大学》的“康诰曰：作新民”，朱熹评论如此：“振起其自新之民也。” 君王无法

[42] 当然，我这里提到“哲学”和“理性”还是从传教士的西方角度来谈。关于“哲学”“理性”可以存在不同的理解和定义。

[43] 虽然在拉丁文里面，如同中文一样，“君子”（princeps）意味着政治上的领导，也意味着道德上的榜样，可是，《四书》的拉丁译文比较偏向政治上的含义。在道德意义上面，“君子”有时被翻译成 “诚实的人” （probus vir，6.2），or “完整的人” （perfectus vir， 6.2）。有时，一个翻译包含了两个意思(probus Rex， 9.4， 10.6)。

从外面命令人民的革新，无法代替人民自身的功夫。但是，张居正更强调君王的政治角色。关于《大学》的同一句，他有这种注释：“百姓每旧日，虽为不善，而令若能从新为善，为人君者就当设法去鼓舞振作他。”与朱熹不同，张居正强调，君王要直接去革新人民。而且，当朱熹本来认为，每个人有能力革新自己，相反，张居正强调平民的道德缺陷，认为君王的道德水平高于“为不善”的人民。因此，只有一位君子能达到道德高峰。这种观念暴露很突出的精英主义。

与张居正的政治思想一样，经院哲学认为，统治者站最高的位置。人民本身和他们的意志（voluntas）不够构成一种“完整的团体”（perfecta communitas)。需要某种政治次序，使分散的人民能够团聚。先有君王，后有真正的人民。因此，政治次序不依靠人民意志，而更依靠统治者的先天美德。那时，大多数耶稣会士支持君主制度。如同伯拉明枢机主(Roberto Bellarmino, 1542-1621年)所说的，每个国家只能有一个统治者，如同太阳系只有一个太阳而已。[44]确实，君主制度与经院学派的形而上学都有密切的关系。如同真理只有一个源头，同样，一个国家只能有一个君王。虽然耶稣会士强调了理性的普遍性，可是，在政治方面，他们还支持政治理性需要通过层级来普及化。

很明显，《孔夫子》描述一种“绝对君主制度。”这点反映出张居正对《四书》的解释，也反映出传教士本身的政治观。传教士支持在十七世纪在欧洲的国家新模式（nation-state）的兴起。如同法国耶稣会士支持路易十四的“绝对君主制度，”[45]同样，在华的耶稣会传教士支持康熙的极权，因为不管在欧洲或在中国，他们认为，只有“绝对君主制度”提供最稳定的社会次序，或者说，很强大的中央集权能避免社会内乱，使天主教会能享受良好的社会基础来发展。而且，传教士还保持很大的希望，即统治者能明白天主教会本身不

[44] 参见Harro Höpfl, Jesuit Political Thought: The Society of Jesus and the State (Cambridge University Press, 2004), p. 41。

[45] 参看Jensen, p. 123。

危害国家稳定，而在各种宗教里面，天主教最能扶持国家安宁。如同路易十四世禁止基督新教而很明显地选择了天主教，同样，在华的传教士也希望康熙要做类似的选择。因此，在中国的“实学”和西方政治思想之间，《孔夫子》扮演了很重要的桥梁作用。

（三）邱浚的历史考证

朱熹和张居正对《四书》原文提供了很多字面上的解释，如同汉字的含义、它们的哲学意义等。朱熹不太强调儒家经典的历史背景，而更强调儒家经典所揭露的修养教化。对朱熹来说，学习《四书》的时候，读者并不太需要很多历史材料。相反，这些历史材料可能会阻挡读者的主要任务，即他个人教化。关于原文的历史人物，张居正也提供了一些简单的解释。不过，与朱熹同样，张居正主要试图直接针对原文。

因此，除了朱熹的理性主义和张居正的政治思想之外，我们在《孔夫子》里面能找到宋、明、清思想中的另一种影子，即对经典的历史考证。序所提到的第二个名字就是Kieu kium xan，即邱琼山或邱浚(1420-1495)。邱浚是广东琼山（今属海南）的人。1454年，他考上进士，官至礼部尚书、文渊阁大学士。在《大学》原文的基础上，邱浚进行了很严密的考证工作，对原文中所出现的历史人物，他提供大量的历史材料。其实，他自已继承了真德秀(1178-1235年)的诠释方法。

真德秀也完全接纳了朱熹的《四书》，不过，与朱熹不同，他强调，《四书》就是为了皇帝与臣子来看的政治管理经典。1233年，真德秀向南宋的理宗皇帝奉献《大学衍义》。后来，在元朝，这本书变成了名典。明太祖也非常重视《大学衍义》。不过，在《大学衍义》里面，真德秀只评论《大学》“八目”中的最初“六目”。两百多年之后，明朝的邱浚决定了评论“治国”、“平天下”这最后两目，来补充《大学衍义》，因为在使用方面，儒家无法缺“外王”任务。通过许多年的苦力，1487年，邱浚把大著《大学衍义补》终于写完。[46]在序里面，邱浚自己评价《大学》如此：

儒者全体大用之学也。原于一人之心，该夫万事之理，而关乎亿兆人民之生。其本在乎身也，其则在乎家也，其功用极于天下之大也。圣人立之以为教，人君本之以为治，士子业之以学，而用以辅君。是盖六经之总要，万世之大典，二帝三王以来，传心经世之遗法也。[47]

史景迁：《利玛窦的记忆之宫：当西方遇到东方》，上海：上海远东出版社，2005.

在书里面，邱浚给儒家经典的原文提供大量的古代历史例证，而用这些例证来讨论当时的社会政治问题。因为从实用出发，书的体例在印证前代的治例之后，邱浚就以“臣按”的按语形式，以当时的社会现实力中心，结合个人的闻见，来一番阐述评点，指出解决方案，纵论功过是非，恰如他在序言中所比喻的“一方可以疗一证随其方以已其疾”。“治国平天下”，最终的目的是为了巩固皇权，继系皇帝的“万世基业”。但邱浚在他的《大学衍义补》中，却反复强调，达到这一目标的途径在于爱民。

在经典的诠释方法，对邱浚来说，跟形而上理性诠释比较，这些古代例证更有说服力，使人们更容易跟他们学习。如此，在评论儒家经典的时候，邱浚回到汉代文学批评的方法。后来，在晚明的社会政治危机中，士大夫也非常重视邱浚的《大学衍义补》。那时，很多士大夫批评了阳明学派的主观主义，而试图回归到朱熹的客观性伦理思想，使政权有更稳定的合法性。不过，朱熹的思路被认为太抽象的；中国的具体政体与新儒家的“天理”之间的思想连接好像缺乏说服力。因此，在“实学”运动之下，很多诠释者强调儒家经典的历史人物，通过儒家经典所包含的历史例证统治国家。

虽然我在《孔夫子》里面还没有找到《大学衍义补》的直接引用，[48]但是，很明显，在处理《大学》原文的时候，《孔夫子》跟着邱浚的方法，关于原文所提到的政治事件进行了很严密的历史考证，加上了每件事发生的年代

[46] 邱浚《大学衍义补》，林冠群、周济夫编辑，京华出版社，1999年。

[47] 《大学术义补序》，第7页。

[48] 与朱熹、张巨正的诠释不同，邱浚不按照原文次序，而按照话题来解释经典。因此，如果在《孔夫子》里面要直接找到邱浚的说法，这个很有困难。

和具体时间，提供相关的历史例证来说明原文。如此，《孔夫子》大量加上了历史注释。因为历史注释都是用斜字体来写，所以读者很容易把它们跟原文译文或张居正和朱熹的解释区分。注释主要来源于《尚书》、《诗经》、《礼记》、《国语》、皇甫谧著《帝王世纪》、司马迁著《史记》、[49]余邵鱼著《列国志传》。通过这些历史材料，耶稣会士能够写很详细的历史注释，特别是关于尧、舜、桀、纣、文王、武公。还有一些注释来介绍中国风俗习惯，如在器内外刻格言，或者在法统里面法官所用的标准来判断是否。

在《孔夫子》里面，这些历史注释扮演很重要的角色，证明了中国历史的古老。按照西方历代，耶稣会士算术中国历史。在《中国历史》Sinicae Historiae (1658年)，意大利耶稣会士卫匡国（Martino Martini）已经提供了中国历史年代。在卫匡国的基础上，柏应理写了更完整、更详细的历史年代，放在《孔夫子》的最后部分作为附录：《中华帝国年代表》（Tabula chronologica monarchiae Sinicae）。[50]另外，在译文里面，历史注释的篇幅有时特别长。[51]当朱熹试图把儒家经典非历史化，耶稣会士跟着邱浚的诠释方法，把历史榜样描述得很详细，使读者更能够加入原文的境界。

李天纲：《中国礼仪之争：历史 文献和意义》，上海：上海古籍出版社，1998.

恰好，同一个时间，法国圣经考证家西蒙(Richard Simon, 1638-1712年)，通过他的著作《旧约圣经批判史》（Histoire critique du Vieux Testament, 1685年），完全革新了圣经学。在许多方面，西蒙所建立的方法很类似于中国的历史考证学。中国诠释学注意到儒家经典的创作，分明儒家经典有不同作者：孔子本身、孔子之前的先王（文王、文公等）、孔子之后的弟子（曾子、思子等）。西方人刚介入中国诠释学的大传统的时候，西蒙开始了建立新的方法来研究圣经，特别是《五书》（Pentateuch）。比如，西蒙问自

[49] 按照Mungello，柏应理的年代表跟着《史记》。参见：Mungello， David E.， “A study of the Prefaces to Ph. Couplet’s Tabula Chronologica Monarchiae Sinicae (1686)”， in Philippe Couplet， S.J. (1623-1693)，The Man who Brought China to Europe， edited by Jerome Heyndrickx (Nettetal： Steyler Verlag， 1990)， p. 188。

[50] 注释的长度有了一个消极效果，使原文的思路被打断的时候，读者很容易失去脉络。

[51] 我不知道是否西蒙知道中国考证的传统。这一点很值得进一步研究。

己：摩西能作为《五书》的作者吗？有没有不同的作者的可能？当中国人很早以前提到了类似的问题来研究儒家经典，十七世纪的欧洲人第一次关于《圣经》敢提到类似的问题，而且，那时，西蒙面对了很有实力的反对者来阻挡这种历史考证学的传播。另外，在年代考证上面，圣经学直接受到了儒家经典的影响。因为中国历史所记载的事件很难进入《圣经》的历史框架里面，所以儒家经典引起了很多争论，特别是关于《圣经》所记载的洪水。当时的圣经学家认为，这个洪水的范围是整个地球和整个人类。洪水作为我们人类历史的新开端。虽然诺亚（Noah）继承上帝向亚当（Adam）的启示，但是，在洪水发生的时候，人类的其他记载都消失了。如此，欧洲人所发现的中国古老历史对《圣经》造成了巨大的挑战。中国历史所带来的客观知识逼迫欧洲学者重新思考《圣经》的真理在哪里。第十八世纪，大多数的圣经学家已经放弃了"全世界洪水"的说法。在这方面，儒家的历史考证学有助于产生西方的历史考证。

四、结论

自利玛窦以来，大多数耶稣会士肯定了中国哲学的存在。但是，利玛窦和第一代传教士也批评了"中国哲学"缺乏理性的基础。《孔夫子》显出了很大的变化，试图证明，中国哲学充满理性、逻辑、系统。于自己的哲学框架中，传教士在理解中国哲学；同时，在四书中，他们得到了新的思想材料。通过儒家经典的翻译，耶稣会传教士有了良好的机会学习宋明理学的诠释学。本文阐明了，耶稣会士的译文大量选取了新儒家诠释学的观念和方法，即朱熹的理性主义、张居正的经世学和邱浚的历史考证。确实，耶稣会传教士并非对宋明理学保持彻底排斥的态度，而相反，在许多方面，他们的思想相近于宋明理学，构成新儒家和西方哲学的第一次融通。通过《四书》的翻译，他们开启了中、西诠释学的对话。这种对话证明，某个文化的经典只能在理性的基础上跨越本位文化的界限。耶稣会士所打开的路，使后来的许多西方哲学家走出去。但是，自十九世纪以来，有些哲学家，如康德和黑格尔，[52]都用更狭隘的哲学定义，却否定中国哲学的存在。用西方的标准来衡量中国。北京大学哲学系陈来教授主张不能放弃“中国哲学”的观念，而是要扩大它的内容，使它能包容中国传统的修养方法：“中国古代确有自己的义理之学，这种义理之学是中国古代哲人思考宇宙、人生、人心的理论化体系，而其中所讨论的问题与西方哲学所讨论的问题并不相同。像宋明理学中所反复讨论而且极为细致的‘已发与未发’、‘四端与七情’、‘本体与功夫’，甚至‘良知与致知’等，都是与西洋哲学不同的问题。”[53]换言之，我们现在不能再用西方哲学作为唯一的标准，而哲学本身能确定，在不同时代与地区，人们所讨论的哲学问题有所不同，无法在某种特定的体系里面混杂进去。

[52] 参见Immanuel Kant, Logic, translated by Robert S. Hartman and Wolfgang Schwarz, New York: Dover, 1988, p. 31; G. W. F. Hegel, Hegel's Lectures on the History of Philosophy, translated by E. S. Haldane and Frances H. Simson, London: Routledge and Kegan Paul, 1968, vol. I, pp. 94-100。

[53] 陈来，《现代中国哲学的追寻》，北京：人民大学出版社，2001年，358页。

基督教

JIDUJIAO

广州是基督教进入中国内陆的第一站，也是传教的实验之地，回首基督教在这里的所行“三自”之路，亦是对未来中国基督教与中国社会和谐发展互存互长路径的指向。

编者按

和的智慧——广东宗教文化行·基督教

十字莲花

SHIZI LIANHUA

明天启五年(1625年)大秦景教流行中国碑在西安出土，不仅证明了中世纪基督教一个流派——聂思脱里教在唐贞观九年（635年）就已来到中国，石碑顶端刻上的十字架、飞云与莲花图案，也象征基督教与中国文化的相遇和会通，成为基督教在中国本色化最具代表性的象征。回首自20世纪初期基督新教与中国文化相遇后的历程，印记深刻的是一幅又一幅“冲突对抗”的图景。作为文明分山岭的宗教，要汇通中西两种迥异的文化传统，怎样求同存异？反教风潮中的基督教，如何才能在中国文化中植根？教会如何面对及回应时代的处境和问题？这是每位身处其间的在华传教士反复思虑的首要问题。

《圣经·以赛亚书》49章11－12节：“我必使我的众山成为大道，我

A20 和的智慧——广东宗教文化行·基督教

基督教"三自"爱国之路

基督教把西医带入广东

传教士手捧《圣经》开启中国近代报史

中国首家西医院有林则徐病历

教会创办岭南大学得廖仲恺支持

美国传教士拒绝洪秀全受洗

的大路也被修高。看哪，这些从远方来，这些从北方，从西方来，这些从秦国来。”向中国传教，被很多传教士认为，是写在圣经的的话语，是每个基督徒预定的使命。基督教在中国本色化的演变与发展，体现了基督教在近代中国传播与发展的内在趋势和现实需要，本色教会的成长与教会、融入国家社会生活的过程具有非常紧密的联系。

广州是基督教进入中国内陆的第一站，也是传教的实验之地，回首基督教在这里的所行“三自”之路，亦是找寻未来中国基督教与中国社会和谐发展互存互长路径的指向。期望基督教与中国文化真正由“相遇”而达到相识、相交和相好，在今日中国文化的重新构建中，能有基督教的积极参与和重要贡献。

起而径行

QIER JINGXING

记者手记

基督教把西医带入广东

1807年9月7日，年轻的英国传教士罗伯特·马礼逊在美国货船“三叉戟”号掩护下顺利登陆广州，成为第一个到达中国的基督教新教传教士，广东也因此成为新教传入中国内陆的首站。

基督教在中文里有广义和狭义之分，广义的包括天主教、新教、东正教，狭义的仅指新教。广东省基督教协会会长梁明牧师称，中国人所说的基督教实为狭义的基督教，即新教。

“从200多年前马礼逊将基督教传入广东，且不论早期传教士主观上意欲何为，基督教为广东教育、医疗、慈善等事业的发展所做的贡献不容小觑。”梁明称，第一所西医院、首本英汉字典、近代著名学府岭南大学，无不与基督教密切相关。

据介绍，截止2009年底，广东登记在册的基督教徒已超过38万。他们热心投入公益事业，1987年至2007年10月，全省基督教组织筹集并投入社会服务项目的资金达7000万元。

传教士手捧《圣经》开启中国近代报史

《马可·波罗游记》风行欧洲后，中国自此以遍地黄金的图景出现在欧洲人的脑海里。此后几百年，西方商人远渡重洋，到此追逐财富。不想，一群手捧《圣经》的异乡来客，也同时到达。

进入19世纪，欧美教会意识到海外传教刻不容缓。1803年，年轻的马礼逊向伦敦传教会申请成为传教士，得到批准。第二年，他接受了针对海外传教的训练后被派到了中国来。

遥远的东方让人感到神秘，马礼逊只能只身前往。伦敦传教会对他寄予厚望，不仅希望他留在广州学会中文，还希望他编纂一部中文字典，并把《圣经》翻译成中文，以便当时世界1/3的人口能够直接阅读。

今天广州东南角黄埔村，人们生活得闲适安宁。200多年前这里是繁盛的黄埔港，琶洲塔是此地的标志建筑。1807年9月7日，马礼逊乘坐“三叉戟”商船行至珠江航道在此登陆。因代表英国政府商业利益的东印度公司为避免触及清政府禁令，对传教士非常敌视；而清政府更规定，只有洋行里的商人才能留驻广州，马礼逊只能隐瞒身份，向东印度公司的中文翻译斯当东学习中文。

此后多年，马礼逊往返于广州和澳门，翻译基督教读物。

1811年，伦敦传教会收到他寄来的一封信和3本《使徒行传》中文样本，在整个海外差传世界引起轰动。没过多久，中文版《四福音书》和《使徒行传》相继问世。

同年，伦敦传教会找到第二位愿意前往中国的传教士米怜，孤军奋战的马礼逊欣喜地迎来同道。同时，他娴熟的中文也越发赢得尊重和赞誉。

说到这里，就不得不提广东高明人、印刷匠梁发。

省基督教三自爱国会主席陈顺鹏讲述，1810年，已练就一手漂亮刻字功夫的梁发接待了一位金发碧眼的客人，他说一口流利中文，提出印制宗教印刷品的要求，“这对梁发而言，是要命的买卖，梁发却选择了冒险，在接触的过程中，他也产生了信教的愿望”。

马礼逊为他施洗后，梁发成为第一位华人牧师。被后世视为中国近代新闻史开端的基督教中文月刊《察世

俗每月统记传》的出版，离不开他的努力。

在梁发的帮助下，马礼逊翻译的《使徒行传》、《教义问答》和《四福音书》等中文布道书相继出版，并在广东地区秘密传播。此时，米怜也得到差会的批准来华传教。

但此时，处处风声鹤唳。嘉庆帝颁谕全国，严禁传教士刻书传教。因有人告密，马礼逊精心制作的《华英字典》印刷活字被官府没收，传教工作接连遭到打击。

马礼逊开始考虑转移阵地。他在马六甲建立了传教基地，以创办学校和出版图书培训当地华人为传教士，希望等中国再次打开大门时将他们派到中国。期间，米怜和梁发夜以继日工作，翻译出版了大量基督教书籍，成为马礼逊传教事业中的重要支点。

1815年8月5日，由马礼逊、米怜、梁发等人撰稿和主编的《察世俗每月统记传》出版。封面印有："子曰，择其善者而从之。"创造了"孔孟加耶稣"的独特模式。

也在这个时候，经过马礼逊不断地申诉抗争，被官府没收的《华英字典》活字也回到他手中。据梁明介绍，1823年第一部中文全译本圣经《神天圣书》出版，史称马礼逊译本。同年，马礼逊编撰的全6册《华英字典》问世，这也是中国第一部中英大字典，被后世学者称为"西方认识中国社会和制度的一把钥匙"。

中国首家西医院有林则徐病历

今天，在沿江路中山大学孙逸仙纪念医院内，古老的教堂所在位置已成急诊室。据介绍，医院前身是美国传教医生伯驾创办的眼科医局(1835)，为中国的首家西医院，许多手术都是中国内地首例。

1840年4月，《中国丛报》发表目前内地保存下来的最早西医病历——时任钦差大臣、湖广总督林则徐病历。医院史料记载，伯驾曾为他治疗过疝气。

在伯驾之前，基督教差会就希望利用医药作为教会扩大在中国影响的手段。

早期教会医院一般不收费，目的是以广招徕，给人以好感，大部分依靠外国差会捐款维持。

最初几年，受洗的病人不多，但传教士医生并没放弃。据介绍，1900年前，由基督教医药传教会所属的医院及诊所就有40余所，大部分为小型诊所，分布在广东、广西、浙江，江苏等地。

除广州博济医院外，较著名的还有英兰长老会于1867年在汕头开设的福音医院，美北浸礼会于1881年在汕头开设的益世医院，在广州还有美北长老会于1896年开设的夏葛妇孺医院和1899年开设的柔济医院。

1866年开始，博济医院附设了南华医学校，由嘉约翰和黄宽负责教学，专收男生，培训医务人员；1879年接收了第一个医科女生入学；1914年该院附设的护士学校正式开学，这批西医和护士在毕业后，分布在华南各省工作。

陈顺鹏认为，即使传教的目的性很强，在客观上传教士医生还是把西医西药的科学技术知识引进了中国，也曾为中国训练出一大批西医和护士。

教会创办岭南大学得廖仲恺支持

岭南大学是开创广东近代高等教育先河的创举。这所培养近百年广东优秀学人的高等学府，前身就是一所教会学校。1952年院系调整，岭南大学与中山大学及其他院校的文、理科合并，组成现在的中山大学。

广州市基督教三自爱国会主席冯浩牧师说，1888年，按美国式大学创办的格致书院在沙基金利埠(现六二三路)由美国长老会和美国基金委员会合办，这就是岭南大学的前身。

开办之初，学校规模不大，还缺乏开设完整大学课程的条件，仅办大学预科四年和本科一、二年级，开设了英文、格致、理化、算术、地理、生物等西学课程。

民国初年，岭大就开设了完整的大学课程，时任省长廖仲恺在财政困难的情况下，拨出30万元给岭大作开办费。1918年正式易名为“岭南大学”时，其规模、师资、设备、教学在广东高等院校处于领先地位。

美国长老会的办校宗旨很明确，即通过西方科技、医学和宗教的教育，培养一批有教养的基督教牧师、教师和医生，使教育服从于传教事业。

不过，岭南大学的学生只有一部分是基督徒。学校传播新知识的同时，也传进了西方先进思想，学生受到很大影响，积极参加反对列强侵略的运动。1906年反对美国排华的罢课和1925年的沙面反英游行轰轰烈烈，让创办人始料未及。

其实，在教育方面，早期传教士在马六甲、港澳地区开办的教会学校已为后来者树立了榜样。

1818年，马礼逊和助手米怜在马六甲开办了英华书院，主要培养华人学生，这是传教士开办学校的先声。马礼逊去世后，在广州的美国人和英国人于1836年发起成立了马礼逊教育会，目的是鼓励在中国开办学校，并提供资助。1839年美国耶鲁大学的毕业生塞缪尔·布朗来到澳门，创办了马礼逊学堂。

19世纪末20世纪初，广州地区教会学校如雨后春笋般涌现。如今的真光中学，前身是真光书院，可谓中国最早的女校之一；1879年创办的安和堂，只招收男生，1888年改名培英书院，后又改名培英中学。

据不完全统计，在旧中国的最后20余年里，全国各高等学校的毕业生共约18万人，从教会大学毕业的约占十分之一。

美国传教士拒绝洪秀全受洗

19世纪30年代末，在考场上屡次失意的洪秀全偶然接触到梁发写成的《劝世良言》，受到启发。也正在此时，美国独立传教士罗孝全登上了驶往中国的轮船。自掏腰包的他没获得中国政府的网开一面。接下来8年时间，罗孝全等人只能在澳门和香港两地辗转。

1844年7月3日，中美双方签订《望厦条约》，让正在香港的罗孝全喜出望外。虽然《望厦条约》只规定在通商的5个口岸内，外国人可买房置地，建礼拜堂，敬拜上帝。传教士却将此理解为可在通商口岸传教。

罗孝全率先赶到广州，在城区建起了一座教堂。洪秀全的造访让他兴奋了一番。但深入交谈后，他又发现洪对基督教教义理解有偏颇，因此拒绝给他洗礼。梁明笑言，“或许正因如此，中国历史少了一位循规蹈矩的传教士，却诞生了一位扫荡四方的太平天王。”

1851年1月11日，差点成为牧师的洪秀全自称天王，建立太平天国，率领信众攻城略地。

通过报纸，身在广州的罗孝全欣喜地发现这位天王竟是5年前受过他指导的年轻人，他立即奔去与洪见面，但在和士兵交谈中，罗孝全发现他们对基督教许多基本概念都不甚了解。

于是，罗洪讨论宗教问题的通信戛然而止，师生友谊不复存在。但《劝世良言》教义已成为太平天国运动的重要思想武器。

东山堂：
双子堂一在北美一在东山

广州寺贝通津9号，坐落着广州最大的基督教堂——东山堂。周日，阳光温婉地透过红蓝黄彩色玻璃窗，遍洒全堂。

这一天一般有5场崇拜、7场祷告，有教友告诉记者，无论此前心中有多少焦虑，聆听着和声浑厚而古典的诗班咏唱，内心便可得到安宁。

鸟瞰东山堂，型若十字。自1909年5月2日在现址建立至今，她已101岁。

道光二十四年(1844年)，美南浸信会罗孝全牧师自香港来广州传教。第二年，另一位牧师叔未士带着中国信徒杨庆也自香港至广州传教。经过半个多世纪的努力，美南浸信会在广州建立了多间教堂，其中，1908年在寺贝通津9号建立的东山堂，是当时广州市最大的教堂。

1908年和1909年，连续两次台风把木棚吹倒后，美南浸信会索性筹建一层砖木结构的礼拜堂，大门向东，教徒受洗的浸水礼在附近培道女学东侧水塘举行。

太平洋战争爆发后，日军占领全堂，用作伤兵医院。东山堂信徒唐启望曾记录：到收回时，主堂钟楼的墙壁已弹痕累累，主日学堂的小课室全部拆通。堂内《圣经》、赞美诗、文书、档案、长凳、钟楼的大铜钟等物多已散失。

新中国成立前，中国基督教内部部分有识之士开展爱国运动，创办了独立自主的华人教会。新中国成立后，更是在政治和教务上完全摆脱外国差会的控制，走上教会独立自主自办的道路。

据东山堂牧师陈穗生介绍，1960年至1966年间，广州市各宗派53间公开崇拜活动的礼拜堂联合成9间不分宗派的礼拜堂。东山浸信会堂、东石浸信会堂、中国基督教广东协会光东堂、播道会东川堂、赖神浸信会、基督会原道堂等6间堂联合组成“广州基督教东山堂”。

刚恢复元气，十年文革又带来冲击。1979年，继浙江宁波百年堂、厦门市新街堂、上海市沐恩堂之后，东山堂成为中国大陆第四间恢复公开崇拜的基督教礼拜堂，也是广东第一间。

杜兆基医生坐着轮椅参加复堂礼拜，这是他一生最后一次到圣殿，如此虔诚而执著的教友还不止一个，有教友身患癌症晚期，在家人搀扶下来教堂，与教徒们分享了喜乐后，安详闭眼。

东山堂复办后，有教友从美国赶来，惊奇地发现其建筑特征和堂内讲坛座位的设置模型与北美洲另一浸信会教堂一模一样，他们喜极而泣：没想到浸信会的双子堂，一座在美国，另一座就是东山堂。

东山堂平面呈半圆形，这种别致的布置，在教堂中也较少见。堂南北长轴的北端有一钟塔，上升感有点弱，与许多教堂相比它显得低调而敦实。教堂屋顶为三角形，素色外墙。外窗皆为比例较为方正的尖拱窗，在西立面上还有一个不大的圆形玫瑰花窗，玻璃色泽多样，却为朴素的静色，并未绘上圣经故事。走入教堂，室内墙面为淡黄色，但与别处教堂不同，在转角处还饰以巾黄色线脚。

陈穗生说，始建时，教堂采用哥特式建筑风格，1926年经扩建后成为现在的两层楼房，现在只有已变形的钟楼和局部构图元素还保留了原有的宗教建筑形象。

每到礼拜日，陈穗生都要连轴转。这位刚踏入四十的牧师，面容清瘦，双目炯炯。出生于基督教家庭的他将这种外人看来寂寞而单调的传教工作视为终身事业，“除教会大小事，牧师还会为教徒们主持婚礼，也会为病患中的教徒祷告。”

在陈穗生看来，有人因身体疾患、家庭变故而希望求得内心的坚强，拾起喜乐。“基督教注重全人关怀，医治的不仅是身体的疾病，更重要的是心灵。”

关怀社会是基督徒践行教义非常重要的一部分。在陈穗生带领下，东山堂组成了一个面向社会、服务社区的义工组织，他们探访教堂周边的困难人群，给予他们关爱和温暖。“我们想让更多人了解基督教东山堂不单纯是宗教团体，也是有社会责任感和使命感的爱心团体。我们有信仰，但同样关注民生，以慈善为己任，以关怀为担当。奉献享受，享受奉献。”

沙面堂：欧陆建筑群中的凝固乐章

沙面岛四处都是吱吱嘎嘎的施工声，细雨绵绵不断，让在此拍照的新婚夫妇不得不踮起脚尖、打起雨伞。

在这个充满异国情调、欧陆建筑林立的岛上，西边的基督教沙面堂，唱诗班纯净的歌声在礼拜堂内回旋。

沙面堂不大，不需多时即可走遍，环境清幽，外观色泽淡雅。堂体不新不旧，透着一种历经变乱沧桑后的清雅。

她是清代后期的杰作。1864年，英国圣公会决定在广州沙面租界建立供外侨礼拜的基督教堂。这座新巴洛克式建筑落成后，一直由英籍牧师主持。直到第二次世界大战以后，中国政府收回租界，沙面堂才移交中华圣公会华南教区管理。

除了现有的一座礼拜堂和一座两层高的牧师楼，租界时期的沙面堂附近还有一块教徒专用墓地。教堂主任牧师梁明说，由于当时西方船只来粤经常遭遇恶劣天气，埋葬于此的教徒以遇难海员为主。如今，在教堂的后面还有几块海员墓碑。

1992年，沙面堂恢复正常宗教活动。1996年11月，广州沙面建筑群被国务院确定为全国重点文物保护单位，沙面堂位列其中。

2005年前后，广东省基督教协会对沙面堂实施整体维修。如今的沙面堂已修缮一新，四周多了围栏。礼拜堂内部的窗户换上彩色玻璃，四面内墙也粉刷一新。礼拜堂的外墙则重新涂上一层特殊瓷砖材料。外表看上去平滑亮眼，用手一摸，却如橡胶一般。梁明说，“这种材料能保证外墙即使多年后也不会脱落。”

梁明编写了三本小册子，结合圣经、教义讲简单的人生道理，放在堂内让教徒们免费取阅，教徒们觉得很受益。20年来，他像一个勤奋的“圣诞老人”，奔波于全省各地传递喜乐和恩典。他经常要出差到各地教会，听当地教徒的倾诉。

如今，沙面堂有两名专职教牧人员，都是毕业于广东协和神学院。除了常规教友聚会，沙面堂还会定期组织教友到孤儿院和老人院探访，到各地从事义工和公益慈善工作。

汕头市西堂：建堂三年后汕头开埠堂

寻访市西堂的过程，就像翻阅一部汕头港埠史。走在见证汕头140年开埠历史的最古老商业街——外马路，每一步、每一举目都是故事。历史翻完了，市西堂恰好就安然静候在那里。

市西堂坐落于汕头老市区民权路和外马路的交界处，建成于1858年，3年后的1861年，汕头开埠。

市西堂是汕头市区第一所礼拜堂，原名锡安堂；当年，锡安堂始建于靠近海边的一块沙洲地，向南可以远眺大海，和海边大片竹林，至今不少人仍习惯称之为“竹脚礼拜堂”。1956年，锡安堂改名为市西堂。

现在的市西堂，经过1991年大规模的整修和重建后，当年风貌已很难重现，但是市西堂原先英格兰教会简洁的建筑样式还是保留了下来。从远处看，白色外墙，蓝色玻璃窗，除了尖屋顶、十字架，市西堂和上世纪90年代普通民居并没有太大区别，在外马路鳞次栉比的老建筑群中，甚至可以说显得低调。

然而，一句“先有锡安堂，后有外马路”便点出市西堂历史的厚重。市西堂建成后不久，汕头成为中国最早对外通商的港口之一，8个国家在此设立领事馆，商业繁华一时。基督教会利用这个机会，在它周围陆续建起了教堂、学校(即现在的正始中学)、孤儿院和福音医院(即现在的汕头市第二人民医院)。外马路的教会产业就是在市西堂的基础上逐渐形成。

提到市西堂，有两个人不得不提，一是牧师宾为霖，一是医生戴德生。1856年，英国长老会派遣宾为霖牧师来汕传教，一开始，他只能在一香烛店租住，日间行医传教。后来购得竹脚地，才建成锡安堂。

宾为霖传教过程中有一段小插曲。据说，当时百姓从未见过像他这样“红毛绿眼”的老外，紧张报送官府，官府将他抓起来送回广州，直到第二年冬天，宾为霖才获释回到汕头。

如果说宾为霖听起来耳生，那么戴德生一定为不少中国人所熟知。从遥远的英国约克郡来到中国传教，戴德生几乎倾尽所有，他的子女中有二男二女在中国夭折，他的爱妻亦病死在中国。他的传世之言至今让人感动，“假使我有千磅英金，中国可以全数支取。假使我有千条性命，决不留下一条不给中国。”

漫步外马路上，随处可见邮政局、太古住宅、德国领事馆、德国邮便局、商埠警察总局、美国领事馆、俄国副领事馆、法国副领事馆、福音教会、福音医院、天主堂、存心善堂……任意指一个，年代都要追溯到一个世纪开外。

市西堂，像一把钥匙，开启了外马路百年繁华。从某种角度看，市西堂早已超越了基督信仰的意义，它的身上，刻画着港埠最初发迹的纹理。

徐闻小苏堂：偏僻村庄的百年教堂

“十六年了，我多想回到那屋子，在黑暗中紧握母亲的手，可世界的尽头充满恐惧与陌生”。2009年，诗人黄礼孩摘取了曾获广东第八届鲁迅文学奖。评论家注意到，他对雷州半岛的故土充满了深深的眷恋。

人们不了解的是，诞生黄礼孩的这片土地有着特殊的宗教文化面貌。小苏村是位于中国大陆南端雷州半岛的一个偏僻村庄，地图上甚至找不到她的标记。海风吹拂，植物茂密，从1862年开始，这里的村民就信仰基督教，绵延百年至今，徐闻县史上的第一个教会就此诞生。

148年前，小苏村村民黄仁清、黄仁伍、黄正德到海口福音医院看病，听到福音成为基督徒。回到家乡，他们开始挨家挨户传播福音，并建立了徐闻县历史上第一个教会，还修建了教堂。

后来，来自海口的福音教会牧师张恩德、纪务天经常前来传教，美国牧师纪路文、西典俊、施姑娘等人也曾多次到访小苏堂。随着基督教的传播，徐闻县各乡镇先后成立了基督教会。

小苏堂是村里宗教生活的中心。粉白色的T字型瓦房上竖立着鲜红的十字架，十字架下是一个大大的“爱”字，平添一份神圣之感。这个农村教堂虽然没有大城市教堂的一尘不染，但更让人感到亲切可触，有着农村特有的那种随意。

近年来，小苏村也成为中外学者研究的话题之一，越来越多的人知道在偏僻的南国还有这样一个基督教村庄。

江门堂：侨乡闹市的地标

站在基督教江门堂的9楼，向窗外望出去你会惊讶地发现，以这个角度俯视这个城市最繁华的旧城，形成强烈对比的是商铺招揽生意的高分贝音乐，喇叭里不断重复的叫卖声是另一番风景。梁敏坚是在这个教堂里侍奉了22年的牧师。他从未想过，这座原本只是二层半砖木结构的小楼房，如今成了江门最繁华地段之一的标志性建筑。

“其实江门堂处于中山公园山尾，从当时的位置看，还是比较偏僻的，后来步行街打通这条道路后，这里才发展起来。”

见证教堂20多年的发展，梁敏坚印象最深刻的是重建教堂。据介绍，基督教江门堂原址是解放前由赖神浸信会遗留下来的旧教堂，1997年动工再建，2000年，一座9层高的新教堂便耸立在江门最旧城区的中央。

每到过年，这里更加热闹，因为很多华侨、港澳同胞回来探亲，其中有一部分是信徒，他们也会到教堂聚会、交流。“五邑地区的基督教发展与华侨分不开，在教堂的硬件建设资金中，华侨捐助占了相当一部分。”

对话：基督教“三自”爱国之路

对话人物

省基督教三自爱国会主席　陈顺鹏

省基督教协会会长　梁　明

广州市基督教三自爱国会主席　冯　浩

广州市基督教协会会长　陈以诺

记者：在基督教传入史上，广东处于什么地位？

梁明：广东是基督新教传入中国大陆的首站，很多成果都在广东诞生。在清朝末年，北方战争连连，生灵涂炭。但在南方，刘坤一、张之洞等人发起的“东南互保运动”，基督教在华南一带的利益几乎毫发未损。到20世纪初，基督教在粤传教已拓展至北到北江上游，南到海南，西临阳江界内，东达潮汕地区的大片地区。所以，广东这边的情况可谓得天独厚。

陈顺鹏：19世纪下半叶至20世纪初，大量传教士进入中国。在我省，传教士的足迹遍及广东各县。到1919年，可能有6万多教徒，珠江三角洲、西江流域成为新教活动最为活跃的地区，潮汕地区和东江-梅江流域的客家地区教会亦较多。

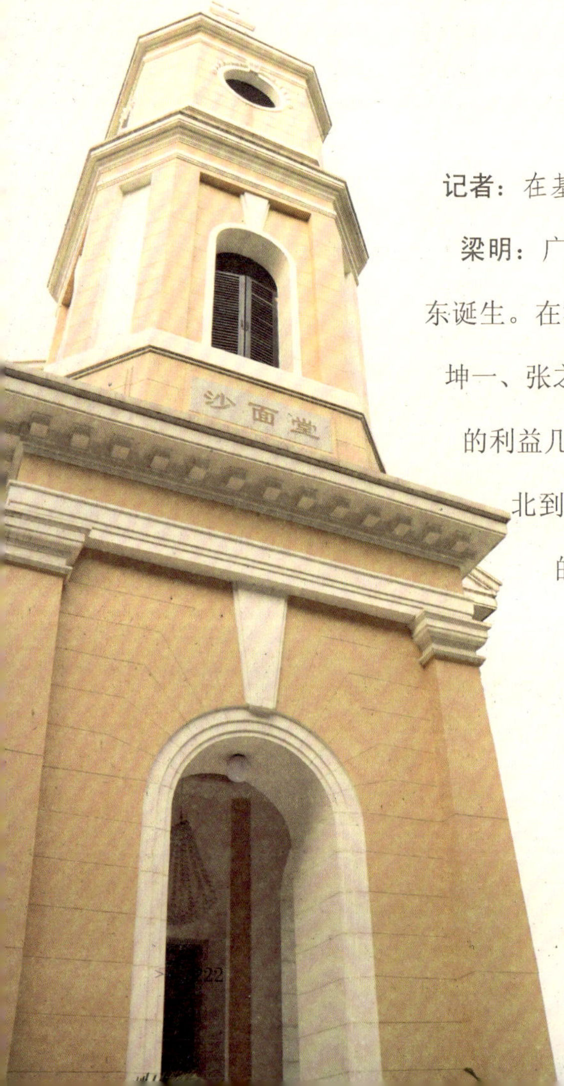

记者：西方宗教传入中国几十年后，一些有识之士开始尝试“本色化”，希望教会与中国文化结合，能否给我们讲讲这个历程？

陈顺鹏：为改变世人对基督教的负面评价，早在上个世纪二三十年代，中国的基督教人士就提出要建立中国的本色教会，摆脱对外国的依赖。到新中国成立前，广东共有新教堂点920处，几乎遍及全省。

梁明：20世纪50年代，广东基督教界和全国基督教界一起掀起了“自治、自养、自传”的“三自爱国运动”，彻底断绝与国外教会的一切关系，使中国基督教摆脱了“洋教”的面貌，由中国基督徒自己管理教会，各个宗派从分散走向联合，真正走上了独立自主自办教会的道路。

陈以诺：刚脱离国外教会的中国基督教会主要依靠解放前遗留下来的房产和信徒奉献维持正常的宗教活动。尽管如此，教会规模还是出现相对萎缩。为了“消化”因教会萎缩而出现的富余教牧人员，教会自办了一些农场和工厂，以保证生活来源。这些与现在远远不能比。

冯浩：经过文革艰难时期，到改革开放后，教会活动在各地逐步恢复。广州的东山堂成为全省第一间恢复宗教聚会的基督教堂，1986年9月，停办多年的广东协和神学院也在东山堂内复办。

记者：如何发挥基督教在促进社会和谐中的作用？

陈顺鹏：建设和谐社会，教会领袖和教牧人员的主要责任应是：整合信众力量，凝聚基督徒的人心，引导这种民心来为祖国和民族的统一发展大业效力。

梁明：基督教的兴旺不单单是信众人数的增多，而在于信道者身上能彰显出他们所信生命之道的生命，这种生命最终能够感化他人，坚固社会，丰富文化，昌明国家。

坐而討本

ZUOER TAOBEN

学者论道

中华基督教会广东协会与本色教会运动

吴义雄　中山大学历史系教授

中华基督教会（Church of Christ in China，简称C．C．C．）是20世纪前期中国基督教（基督教新教，下同）“本色教会运动”的重要成果和组成部分之一。它是由基督教15个教派的华人教会共同组成的全国性的合一教会组织。中华基督教会具有以下几个值得注意的特征：其一，它是一个自成体系的教会，而不是松散的教会联合体；[1]其二，它具有比较完整的组织体系，建立了从上到下的教会行政机构；[2]作为一个有全国性影响的、规模和力量最为庞大的华人基督教会，在相当长的时期内，其信徒人数约占全国基督教徒总数的四分之一。[3]研究这样一个在近代中国基督教史上具有显著地位和影响的华人教会组织的产生和发展的过程，对我们了解民国时期基督教历史，特别是中外基督教人士提倡的“本色教会运动”的过程，无疑有着非常重要的意义。本文仅拟对中华基督教会属下成立较早、规模最大的广东协会的产生与演变过程，及其在“本色教会运动”中的努力与影响，作初步讨论。

[1] 中华基督教会以长老会、公理会、伦敦会为主，于1922 年成立“中华基督教会临时总会”，1927 年 11 月 11 日正式成立。

[2] 中华基督教会由：全国总会——大会（或协会）——区会——堂会四个层级构成。1 933 年，中华基督教会全国总会辖有：广东协会，闽南大会，华东大会等 16 个二级教会机构，80 多个区会，数百个堂会。见：《中华基督教会全国总会第三届常会会议记录 》 。到 1949 年，该会所属的大会、协会达 21 个。见 《 中华基督教会广东协会会刊 》 广州新版第 34 期，第 2 页。

[3] 如1926 年，全国各教会信徒总数为 438500人，而中华基督教会信徒为 105 000 人，占23 . 9 %。见： Membership in National Chinese Church －1926，广东省档案馆所藏教会档案（以下简称广东省档案馆）92 － 1 －45。

一

20世纪初，基督教在中国经过百余年发展，具备了建立本土教会的一定基础。同时，中国社会民族意识的觉醒、民族主义思潮和民族主义运动的高涨，也对作为外来宗教、通常被称为“洋教”的基督教提出了新的挑战。在此形势下，中国基督教试图开创新局，走向本土化，出现了以建立本色化的合一教会为目标的运动。“中华基督教会广东协会”（以下简称广东协会）与其前身“中华基督教会广东大会”就是在这一背景下成立的。

早在1913年，广东各教会代表集会成立“广东基督教协进会”。但这只是一个教会协作机构，并非独立的华人教会。1919年初，广东的长老会、伦敦会、公理会的代表，联合同寅会、美瑞丹会，在广州商讨成立合一教会事宜。同年7月，“中华基督教广东大议会”成立，这几个基督教派别所属的各堂会联合形成了一个新的教会。与会代表推举谢恩禄为正议长，邝柳春为副议长，还选举了书记、司库和委办等。[4]虽然其中还有一些外国传教士在发挥作用，但该会至少在形式上已是华人的合一教会。它的成立，比全国性的教会组织“中华基督教临时总会”早三年。

1922年6月，“中华基督教临时总会”成立后，“中华基督教广东大议会”更名为“中华基督教广东大会”。聘招观海为主任干事，方约翰为协任干事。是年，又有纽丝伦（新西兰）长老会、华人公理会（又称纲纪慎自理会）、广东长老传道会（又称长老自理会）加入。[5]此后，加拿大长老差会以及在上海的广东中华基督教会也加入了这一组织。1925年，广东大会的会长为谭沃心，副会长为邝柳春，大会以干事部为执行机构，仍由招观海、方约翰负责。此外还设有礼仪委办、神学委办、布道委办、教育委办、产业部委办等部门和职位。[6]其区域“西至高州，北至连州，东至惠州，南至香港、澳门，幅

[4] 谭沃心：《协会三十年》，《中华基督教会广东协会三十周年纪念暨二十三年会专刊》，第 24-25 页。

[5] 同上，第 25 页。

[6] 《职员一览表》，《 中华基督教会广东大会报告》，第 18 期，第 31-33 页。

员颇广”。[7]广东大会成立后，取得比较快速的发展。现根据有关材料，将其在 1924 到 1925 年的发展情况整理如下表：

项目 / 年份	堂会	基址	牧师	宣教师	教徒人数
1924	70	30	22	133	10142
1925	140	150	50	200	16000

资料来源：1. 广东大会教务统计表（1924），《中华基督教会广东大会报告》，第17期.
2. 招观海：《广东中华基督教会》，《中华基督教会年鉴》，第8期，第69页。

从上表可以见到该会在短短一年的时间内所取得的进展。除上表所列的情况外，广东大会属下有学校 120 余间，医院五所，原为各差会经手开办。

广东大会的成立与初期发展，为广东协会的成立准备了比较坚固的基础。1926年6月1日至3日，广东大会举行年会，议决在9月成立广东协会，在原广东大会宪章的基础上，修改通过了“中华基督教会广东协会宪章”。 9月8日，中华基督教广东协会成立大会在广州协和神校（即协和神学院）举行。会议通过了多项报告和议案，选举了该会的领导机构。以执行委员会为该会的最高机关，会长为邝柳春，副会长为关恩佐、李应林、钟荣光等16人，包括几名传教士在内，为执行委员。还选举了教务、教育、书报、医药、宗教教育、慈善、干事各部的委员。其日常办公机构干事部的总干事为谭沃心，副总干事为方约翰。[8]

二

广东协会从 1926年成立，一直存在到解放后。在多年的动荡岁月中，它经历了很多的变化，既有发展，也有挫折。大体说来，广东协会本身的组织形式，在这20多年中没有什么大的改变，它的组织行政系统可用下图表示：[9]

[7] 招观海：《广东中华基督教会》，《中华基督教会年鉴 》，第8期，第 69 页。
[8] 《中华基督教会广东协会第一次代表大会纪要》，《广东协会月刊》第1卷第 1 、2 期合刊，第 8 -16 页。
[9] 《本会组织系统表》，《中华基督教会广东协会1933年度会议报告》，广东省档案馆， 92 -1-225。

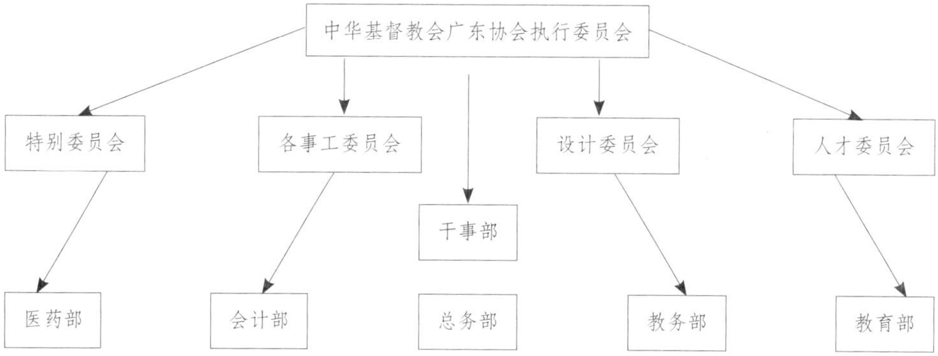

上表所示的是1933年广东协会的组织机构，在不同的年份，这个组织系统也先后有所变动，如各委员会中，曾有过“教务委员会”、“出版委员会”等；一度设立过学额部；[10]1946年之后，在教育等部之外，又增设视听部。在教育部之下，广东协会及下属区、堂会设有多所学校。教务部、医药部等部门之下也有不少分支机构。

广东协会的领导机构是执行委员会。长期担任该会会长（后改称主席）的是关恩佐1948年10月4日，关恩佐突然去世，由副主席谭沃心接任，直至解放后。先后担任副会长（副主席）的还有：钟荣光夫人、李应林、张祝龄、龚约翰、李育泉、麦沾恩、区戴义等。

该会的办事机构是干事部，负责处理协会的日常事务，是握有实际权力的机关。先后担任总干事的有谭沃心、邝柳春、汪彼得数人。方约翰、苏维新、戴蒙光等传教士，虽然碍于国籍、身份，未在协会中占有显要位置，但他们长期处在领导机构中，其作用和影响不容忽视。

广东协会以下，按地域设有 10 个区会，见下表：

区会名称	所辖范围
第一区	下番禺　南海县一部（即广州市、佛山市、盐步墟）
第二区	顺德　高要　南海
第三区	台山　开平　恩平　赤溪
第四区	东莞　博罗　增城　龙门
第五区	阳江　阳春
第六区	香港　澳门
第七区	上番禺　上南海　花县　从化
第八区	连县　阳山　连山

[10] 美国拨款，资助各区堂有志终身服务教会之青年接受教育，该部负责遴选和管理。见谭沃心：《中华基督教会广东协会四年来之事工概况报告》，第3页。

第九区	电白　茂名　化县　信宜　吴川　廉江
第十区	新会　中山　鹤山

资料来源：《中华基赞教会广东协会四年来之事工概况报告》，1937年6月印行；汪彼得：《我们的协会》，《中华基誉教会广东协会会刊》，广州新版三十二期，第1页、广东省档案馆，92-1-2 23 。

在这些地区之外，还有一个特别区，将上海的旅沪广东中华基督教会号[11]和该会在湛江的教务置于其下。广东协会所辖范围，虽未及全省面积一半，（广东东部一带属于岭东大会的范围）但基本上囊括了广东省的富庶之区，而且也是基督教在华传播最早、拥有信徒众多的地区，同时，也是外国差会势力比较活跃的地区，其中的香港和澳门更是沟通中西经济文化交往的地位特殊的重要城市。这种条件，为广东协会所追求的建立本色的、合一的华人教会具备了一定的经济基础，使它在中华基督教会各协会、大会中力量相对雄厚，处在比较显著的地位。

现根据有限的材料，将其历年所取得的进展情况整理成如下表格：

项目／年份	堂会（基址）	牧师、宣教师人数	信徒人数	新入教人数
1928	161	83	13207	——
1928	195	130	18000	——
1930	——	176	15814	1617
1932	——	164	18353	1744
1933	——	166	19507	1701
1935	——	162	20865	2178
1936	245	162	22653	——
1946	178	176	53000	——

资料来源：1.《广东协会月刊》第2卷第7-9期合刊，第13页；2.《广东协会月刊》第5期，第20 页；3.《中华基督教会广东协会教务统计表》，1932年，1933年，1935年，广东省档案馆，92-1-76，92-1-434 ，92-1-226 ；4.《中华基督教会广东协会复员计划实施细则》，第4页。5.《中华基督教会广东协会概况》，1929年印行。

这份统计表是广东协会20多年历史的浓缩。在这些数字的背后是它曲折的发展史。广东协会和全国总会成立之际，正是中国国民革命兴起，民族主义高涨之时，非基督教运动，教育领域的收回权利运动等，无不对教会势力造成冲击。《中华最早的布道者梁发》的作者、广州协和神学院的麦沾恩在1929 年描述教会力量的衰落，指出：基督教会面临教友人数下降，教会人士不够虔

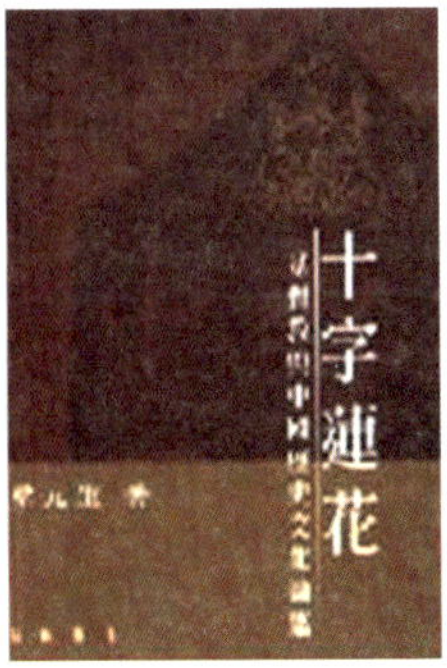

梁元生：《十字莲花——基督教与中国历史文化论集》，香港：香港基督教中国宗教文化研究社，2004.

[11] 该会成立于1915年，“1922 年秋，始正式加入中华基督教会广东大会，属第 6 区。”后加入广东协会。见简又文：《：旅沪广东中华基督教会史》，《中华基督教会年鉴》，1926年，第84-86页。

诚，宣讲福音的人士减少，教会学校呈现非基督化的趋势。青年基督徒对于教会能否适应这种变迁“似乎都抱着绝望的态度”，等等。[12]这是一幅教会面临内外全面危机的图景。

面对这种危机，正积极致力于本色教会运动的基督教也采取了行动。在中华全国基督教协进会的倡议下，各大区的教会领袖纷纷召开会议，其中华南区的大会在1929年3月于广州举行。中华全国基督教协进会主席诚静怡在会上提出发起一个“五年运动”来促进基督教的觉醒，这一主张被接纳。这一运动的主旨是“促进实现基督的大使命，培养在教友中的基督化的生活，和适应国人的较深的宗教需要”，其主要内容有二：其一，促使信徒对基督发生“较深的认识”，“与基督发生更亲密的友谊并且在种种生活关系中勇敢地跟从他”；其二，在五年的时间内将基督徒的人数至少增加一倍。”[13]

这实际上是提倡通过一次宗教奋兴运动来在危机中求得发展。广东协会对这个运动抱有相当大的热情，1930年前后，它的活动在相当大的程度上被纳人这一运动的范围。如在各次会议上强调宗教奋兴的意义，提出各种措施，不断组织“灵修会”、“退修会”，通过社会服务、青年工作、妇女工作等扩大社会影响，致力于堂会数量的增多与新教徒的接纳，等等。在推进“五年运动”的同时，广东协会在1932年又提出一个教会发展的“十年计划”。其中关于教会工作的十年规划，由中西教会领袖根据“布道事业”、“宗教教育”、“文字事业”、“妇女事业”等10多个专题，分组拟订计划。[14]

1937年抗战爆发，次年广州沦陷，广东协会迁往香港。“在香港也是寄人篱下，但还可以呼吸着多少自由的空气”。不过这“自由的空气”在太平洋战争爆发后也不复可以奢望。香港失守后，“协会干部与同工已失却自由……教会各方已失却联络，交通梗塞，接济中断”，广东协会经历了成立以来最困苦

[12] 麦沾恩：《五年运动》，《广东协会月刊》第3卷，第10-12期合刊，第2-3页。
[13] 麦沾恩：《五年运动》，《广东协会月刊》第3卷，第10-12期合刊，第1页。
[14] 谭沃心：《广东协会四年来之事工概况报告》，第1页。

的时期。[15]不久，副会长李应林与汪彼得、胡翼云等人，在得到美国同寅会的经济支持后，将广东协会迁往战时广东省会韶关。1944年，日军发起攻势，打通粤汉线，韶关不守，该会又随广东省的机关迁往曲江，直至光复。在战乱的岁月里，广东协会依然坚持开展各项活动，在宗教教育、战时救济、布道传教、医药事业、教育事业等方面，有所作为。[16]此外，广东协会还在湛江、韶关、曲江等地开辟了新的活动区域。[17]

抗战胜利后，广东协会复迁广州，恢复了协会的组织系统。像全国基督教团体一样，广东协会面临如何救治战争带来的创伤和继续发展的问题，“一面致力于复员，一面又致力于事工的扩展”。[18]当时中华基督教协进会发起一个“三年奋进运动”，其目标也是“奋兴教会灵性生活，倍增教友人数，促进教会自养及中华归主”。[19]广东协会积极推进，拟订了“三年工作计划，按步实行”。[20]希望藉此发展被战争破坏和停顿的教务。他们举办了大量的活动，如基督教思潮讲座，青年归主运动，青年献身为牧师运动，会友归家运动，万人归主运动，等等，极力营造一种宗教奋兴的气氛。为了给这一奋进运动打下经济基础，广东协会在争取西差会资助的同时，1946年5月又发起了一个以两年为期的“教会扩建募捐运动”，以“募集美金一百贰十五万元为目标”用于教会的恢复和发展。[21]不过，活动并不能按照计划进行。

1949年，随着解放战争隆隆炮声的逼近，基督教界的人士对新政权满怀忧虑。广东协会的骨干们多次开会，研究对策，曾考虑过将教会机构迁往香港的可能性。”[22]但直到1951年，广东协会仍在广州继续存在。

[15] 胡翼云：《协会五年》，《中华基督教会广东协会第十七届年会1941至1946年报告书》，第1页，广东省档案馆，92-1-86 。

[16] 同上，第1-5 页。

[17] 见汪彼得：《广东协会报告书》，《中华基督教会全国总会第五届总议会议录》，第60页。

[18] 谭沃心：《协会三十年》，《中华基督教会广东协会三十周年纪念暨二十三届年会专刊》，第 26页，广东省档案馆，92- 1-221 。

[19] 《中华全国基督教协进会广东分会“教会三年奋进运动”工作草案》，广东省档案馆，92-1- 88 。

[20] 汪彼得：《广东协会报告书》，《中华基督教会全国总会第五届总议会议录》，第63页。

[21] 《中华基督教会广东协会扩建募捐运动》（宣传单张），广东省档案馆，92 -1- 89 。

[22] 见：张祝龄、吴壮行、尹耀声致汪彼得，1949 年6月6日，广东省档案馆，92-1-98。

三

中华基督教会全国总会之下，有16个省一级的机构，大都叫做“大会”。在中华基督教会系统内，“协会”并非意味着比“大会”更为先进，更符合本色化和合一化的宗旨。所以，广东在已有大会的情况下，将之刻意改组成协会，显然是有其原因的。简而言之，这种改组是与这一组织所追求的本色化的宗旨联系在一起的。

广东协会总干事谭沃心在协会成立时曾就此作过说明。他认为广东大会具有以下弱点，使大会不得不进行改组：其一，大会与各堂会无直接之关系，彼此隔膜，沟通不畅：其二，各堂会与大会无实际的联合，无法得到大会在教务等方面的指导；其三，大会与各区会之间关系松散，使整个大会“演成为一个名义联合的弱小团体”；更重要的原因在于，原来教会的核心是区会，而“各区会与大会除系统上的联络之外，还要受几个差会的统治”，区会与外国差会之间的联系更具实质性，故大会虽在理论上有权管理各区会，但各种教务都“要与各差会讨论一番，得他同意，方可举办。而各差会倒可不经大会之决议，得直接令行各区会转饬所属各堂，办理要务”。这样，本应放弃行政权的西差会，仍“直接令行各区举办要政；各区承受差会意旨，转饬区堂，一律遵循。”[23]因此，改组之前的广东大会，其结构名义上是大会——区会——堂会，而实际上则是西差会——区会——堂会，区会为中心实际就是仍以西差会为中心。故改组的最重要原因，在于大会的组织结构不符合建立合一的本色教会的宗旨。要想使广东大会成为一个真正的华人教会，就必须将区会这一级虚化，以降低西差会的影响，使其不再扮演主角，渐渐淡出教会行政体制。在这个意义上来说，从大会改组成协会，就是要在本色教会运动的道路上实现一个新飞跃。

所谓本色教会运动，按中华全国基督教协进会总干事诚静怡的说法，其目

[23] 谭沃心：《中华基督教会广东协会是什么？》，《广东协会月刊》，第1卷第1-2期合刊，第2- 4页。

的就是“一方面求使中国信徒担负责任，一方面发扬东方固有的文明”。所谓由中国信徒担负责任，基督教史家王治心解释说，是指“自理自养自传，在经济上行政上工作上，都是以中国信徒为主体，西国教士可以退处于辅佐地位”。关于发扬东方固有的文明，是指将基督教与中国文化相结合，使基督教具有中国文化的“本色”。[24]其实质则在于，由中国教会全面接收西差会的事业，将来华西差会主导的教会，改造成由华人自治、自传、自养的教会，使教会摆脱“洋教”的“丑号”，成为真正的中国教会。

广东协会的改组是在中国基督教本色化运动的背景下进行的。这种具有重要意义的改组，事关西差会的权威。在华惨淡经营多年的外国差会是否拱手让出自己对教会的控制权，是问题的关键所在。故在改组前，广东大会专门向各西差会征询意见。纽丝伦（新西兰）长老会、伦敦会、美国同寅会和美国长老会这四个主要差会不久即复函或表态，均对改组大会、向广东协会移交权力表示赞同。[25]可以说，广东协会之成立，其实质性内容是西差会正式向中国教会移交权力和事业。

吴义雄：《在宗教与世俗之间——基督教新教传教士在华南沿海的早期活动研究（1807—1851）》，广州：广东教育出版社，2000.

从后来的实际历史进程来看，广东协会的改组目标，即加强协会的实际权威，而将区会这一级虚化，基本上得以实现。保存下来的广东协会档案文献表明，协会与堂会之间有频繁的文书往来，二者之间在一定程度上形成经济和人事上垂直的上下关系，协会——堂会成为教会内部的基本结构，区会则成为辅助性的机构。与此同时，各西差会也有限度地放弃了自己的权利。在此后数十年的时间中，广东协会的各级行政、经济权力和各项宗教、文化、社会服务事业，在一定程度上是由中国教徒掌握和管理的；并且随着形势的发展，这一程度不断加深。[26]

但值得注意的是，在改组之后，西差会仍然在广东协会中扮演重要的、不

[24] 王治心：《中国基督教史纲》，基督教文艺出版社 1993 年版，第 274 页。

[25] 伦敦会差会与美国同寅差会的复函见《中华基督教会广东大会报告》，第20期，第 15- 20页；加拿大长老会差会向广东协会移交教务及附属事业的情况见：《广东协会月刊》，第3卷，第10-12 期合刊，第19页；美国长老会移交教会事业的协议见，广东省档案馆，92-145 。

[26] 《广东协会月刊》第1卷第 9-12 期合刊，第5-6 页。

可忽视的角色。美国同寅会派苏维新长期担任广东协会干事、副会长等职，美国长老会派方约翰、陆天赐任干事等职，纽丝伦长老会派胡坚信、芬美礼任干事，仍发挥相当大的作用和影响。

这里，笔者想通过广东协会的具体事例来探讨一下基督教本色化运动的成效及其困扰，关于寻求基督教与“东方固有文明”结合以实现基督教的“本色化”问题，广东协会的宗教领袖进行了长期的探索，有不少论述，限于篇幅，此处不赘。这里要讨论的是它在追求自治、自养、自传的目标的过程中的情形。在这三者之中，自养又是一个教会能否真正自立的关键。笔者根据所接触的一些材料，对广东协会在20世纪30、40年代的财政情况进行了考察，整理成以下二表，分别显示广东协会1930年到1932年和1947年到1949年度财政状况。因内战时期货币快速贬值，故将这两个时期分别制表。

1930-1931年度广东协会财政状况表

年度 / 所占百分比%	经费总额（元）	自筹经费（元）	西差会津贴（元）	西差会津贴
1930	192043.99	85581.33	106462.66	55.4
1931	223777.97	90841.31	132936.88	59.4
1932	173495.53	65836.12	107659.41	60.1

资料来源：《广东协会月刊》第5卷，第5期，第13-17页;《中华基督教会第八届年会纪录》、第25-30页：Statement of Receipts & Expenditure for Year ending 30th June 1932。广东省档案馆，92-1-58。

林美玫：《追寻差传足迹：美国圣公会在华差传探析(1835-1920)》，桂林：广西师范大学出版社，2011.

1947-1949广东协会财政状况表

年度	经费总额（港元）	自筹经费（港元）	西差会津贴（港元）	西差会津贴所占百分比%
1947	85981	11915	74066	86.1
1948	43831	3643	40368	92.1
1949	795448	225071	570377	71.7

资料来源：The Kwangtung Synod of Church of Christ in China Financial Statement, 1947, 1948, 广东省档案馆，92-1-16; The Budget of the Kwangtung Synod of The Church of Christ in China for the Year 1949.广东省档案馆，92-1-58。

关于以上两份表格有几点需要说明：（1）1930年的自筹款项中，包括协会总干事谭沃心在美洲筹集到的3万多元协会会所建设经费。（2）1947、1948 两年的数字，反映的是广东协会执行部的收人状况，而1949年的数字，则是反映整个广东协会包括所属区堂的收人情况。因资料所限，无法划一。

(3) 所谓自筹经费中，有相当一部分也是来自海外华侨或国外机构、个人的捐款。因此，来自外国资金的实际数字还要大。

从以上资料我们可以看出，广东协会努力为实现自养的目标而奋斗，也取得了一些成效。但在另一方面，它在财政上还是主要依靠西差会的。甚至到解放后，这种情况依然没有改变，1950年、1951年两年的预算中，来自西差会的资助仍占主要部分。[27]笔者所见一卷广东协会总干事汪彼得个人的来往信件，有几十封信是他与西差会及海外传道总会讨论拨款事项的，从中反映汪彼得不断就各种开销向他们要求拨款。[28]

在这种情况下，“自养”几乎成为一个空洞的口号，而以此“自治”、“自传”，也不免大打折扣。差会的传教士和工作人员名义上成为教会的一分子，然而由于他们在其国内传道总会向广东协会拨款过程中起着决定性的作用，往往凌驾于协会的领导之上。在协会的领导机构和各区会、甚至堂会，外国传教士和神职人员都还在发挥作用。1949年10月，汪彼得就1950年的拨款问题向美国同寅差会发函，该会秘书李白（Calvin H. Reber, Jr.）在回信中说不可能，“在好几个场合……我都警告过你这一点，所以你的信让我很是吃惊。”[29]这种盛气凌人的态度在当时并非个别情况，所以有人在文章中说：

大战之后，西宣教师携带大量的金钱回来，协助着教会、学校、医院等迅速复员，受之者自应感恩戴德。所惜者，有少数西宣教师在经济措施上，作风上，与战前无甚二致，往往随一二人之好恶而定取舍…… 这样作去，却极容易引起人们的误会，以为他们仍是拿金钱为工具来巩固提高自己在教会中的特殊优越地位……因之有些信徒，竟发出偏激的论调说：西差会的捐款，就目前来论，对中国教会是害多利少。

王治心著、徐以骅导读：《中国基督教史纲》，上海：上海古籍出版社，2004.

这种沉痛的语调，反映了中国教会因经济无法自立而仍然受制于人的窘境。作者呼吁：

本会一定要靠自己的力量去养自己——自养，管自己——自治，扩展自己——自传，一切的行政与设施，完全以中国教会为主脑，不怕穷，要穷干，

[27] 有关材料见：广东省档案馆，92-1- 58 。

[28] 见广东省档案馆，92-1-98。

[29] Calvin H. Reber to Peter Wong , October 13, 1949, 广东省档案馆，92-1- 98 。

不怕苦，要苦干，下大决心，发大宏愿，冒险犯难，靠着加给我们力量的主，凡事都能作。对西差会，当竭诚欢迎协助，却不愿接受管制，宾主须分明，职权应划清。[30]

以上所述表明，中国教会与西差会的关系问题是广东协会始终努力解决的问题，广东协会在20多年的本色化之路上，不断取得斐然可观的进展，本色教会的色彩也愈益浓厚。但在另一方面，这条道路也显得颇为漫长。到40年代末，对走在全国各大会前列的广东协会来说，"本色化"的理想依然未能完全实现。

四

广东协会的演变与发展，既代表了基督教在近代中国传播与发展的内在趋势和现实需要，也与时代的潮流有密切的关系。

美国同寅差会传教士苏维新（C. W. Shoop）在广东大会征询对改组一事的意见时，复函表示赞同，但又在其信件的末尾写道："又须知我等今日之赞成，纯是由于我等忠于最高尚之传教政治及传教学所致，并非由于今日一时的纷扰及外力之压迫。"[31]在这种声明的背后，实际上隐藏着不甘和无奈的情绪。他所说的"一时的纷扰"，乃是指由"五州惨案"和广州"沙基惨案"所带来的中国民众对帝国主义势力的抗议浪潮。而所谓"'外力之压迫"，则是"五四"前后就已兴起的非基督教运动。与列强侵略势力有着难以摆脱的关系的基督教，如果不能洗脱"洋教"的声名，势必难以继续在中国得到发展。西差会之所以赞同本色教会运动，支持广东协会，除了苏维新所说的、"传教政治"和"传教学"的因素外，与这种历史背景也是分不开的。

中国的教会人士推动本色教会运动，则是与日益高涨的民族主义浪潮联系在一起的"五卅"惨案发生后，广州基督教界人士组成"广州基督徒沪案声援会"。6月23日"沙基惨案"发生，6月25日由基督徒组成的"广州基督徒救国大联合"成立，通过一些议案，指定了专门的章程。其议案表示，"吾人首从

[30] 见：《中华基督教会立场的检讨》，《中华基督教会广东协会会刊》，广州新版34期，第2页。

[31] 《中华基督教会广东大会报告》第20期，第18页。

基督教教义，次从国民资格，从时势要求立论，均有反对此种人神共愤的残暴行为之必要”。他们开会决定向全国和全世界通电，说明惨案真相，组织演讲，并要求各教堂在布道时“为此事作相当的表示”。其章程所规定的组织宗旨有二：“本国际间的争议，提倡废除各国对华一切不平等条约”；“促进在本国基督教之事业，务以最短时间，由华人担负自治自养自传之完全责任”。岭南大学的中国教职员工和美国教职员都发表声明，谴责租界当局的暴行，表示支持中国。[32]在这次活动中，起骨干作用的梁小初、招观海、李应林、邝柳春、李育泉等，都是广东大会的中坚人物。1928年“济南惨案”发生后，广东协会也多次发表声明，对日军的暴行和蛮横进行抗议和谴责。

张继新等译：《八福客栈》，兰州：甘肃人民美术出版社，2006.

中国基督徒的上述行动，其部分原因是为了挽救在民族怒潮中的中国基督教的命运，所以“广州基督徒救国大联合”才将提倡废除一切不平等条约与“以最短时间”建立本色教会并列为其宗旨。招观海为死于“沙基惨案”的岭南大学教员区金钊题写的挽联落款是“基督徒招观海敬挽”，突出了民族抗议浪潮中基督徒的存在。他们的努力，主观上是希望改变人们存在的基督教＝洋教=帝国主义的观念。但亦应看到，中国基督徒自身民族主义思想的觉醒，也是不可忽视的重要因素。惨案发生后不久，招观海在广东基督教学生夏令营发表演说，表示赞同孙中山的民族主义思想，和孙中山关于民族主义与世界主义关系的论述，认为不可过早地提倡世界主义“我们基督徒只知我的国家为世界之部无所谓‘超人’，无所谓‘超国’。我们天职所在，惟有尽力弄好我的中国，以谋为世界较大的效用罢了”。[33]

从广东协会的历史来看，中国基督教势力融人国家和民族政治生活最深的时期，是抗日战争期间。“七七事变”爆发后，广东协会立即行动起来，将自己的主要精力投人支持抗战。广东协会的成员发表了无数的文章，呼吁信徒和各界人士奋起卫国。刘瑞滔在文中写道：“暴日肆虐，用最黔酷的炮火，惨杀我国民众……我们的基督徒，素以和平为目标，以建设天国为职责，对此毁坏和平、摧残天国的举动，是表示多么的愤慨啊！”他强调，在“那片片的战

[32]　《中华基督教会广东大会报告》第17期，第72- 82 页。

[33]　招观海：《教会当前的重要问题》，《中华基督教会广东大会报告》第18 期，第 16 页。

云”遮蔽了“和平的福音”后，“最后惟一的方法，就是对恶者施以痛苦的惩责”。[34]广东协会动员了所有魂动员的力量，开展宣传、救护、慰劳、捐款、推销公债等活动，希望作为国民为国家尽力。广州和香港沦陷，广东协会自身陷入困苦之中，但它仍然尽自己所能开展救援和慈善活动。广东协会在抗战中教堂被占、被焚的不在少数，宣教师减少近三分之一，但其信徒在抗战结束时却比战前增加一倍有余，其原因一方面是因为战时不再有排教非教的运动，外在阻力减少，另一方面则是因为，“我基督徒于战时努力服务，为受难军民造福至多。如对难民伤兵等之服务，皆足以显示教会并非徒让空言……此诚足以对内则增加教友热诚，对外则获取社会人士之爱护者”。[35]

这些都表明，本色教会的成长与教会民族认同的加强、融入国家社会生活主流的过程具有非常紧密的联系。广东协会在中华基督教会内一直占有比较显著的位置。它在中华基督教会的各项报告、统计中均被派在第一位。中华基督教会全国总会执行干事高伯兰（A. R. Kepler）在 1936 年指出，“广东协会是中华基督教会16个大会（协会）中最早成立的一个，也是拥有信徒和自养堂数目最多的一个，它因此在整个教会中居于领导地位。”[36]这种地位，直到战后的几年依然保持。[37]广东协会作为发展得相对成熟、各项事业开展得很成功的华人教会组织，在教会组织的规模、信徒的人数、活动的频繁、事业的兴旺、对社会的影响和本色化的程度等方面，在全国范围内名列前茅，在中华基督教会的所有大会或协会中，乃至在所有的华人教会中，都是相当成功的范例，确实可以作为20世纪前期中国基督教本色化运动的具体实践的代表。研究这样一个教会的历史，考察其演变历程及其所显示出来的种种问题，可以为我们理解20世纪中国基督教的发展过程，提供一个具体的视角。这也是本文的目的所在。

[34] 《广东协会周刊》，第 6 卷，第31期，第1页。

[35] 《中华基督教会广东协会复员计划实施细则》，第 4-5页。

[36] Information Service of Church of Christ in China， Kwangtung Synod， vol . 10， No. 2， p. 2.

[37] 见《中华基督教会全国总会第五届总议会议录》 第56页的评论。

民间信仰

MINJIAN XINYANG

民间信仰，从意识形态上讲，它是非官方的；从文化形态上讲，它重在实践、较少利用文本并以地方的方言形式传承；从社会力量上讲，它受社会中的多数的支撑并与民间的生活密不可分。

编者按

与神为邻

YUSHEN WEILIN

民间信仰，从意识形态上讲，它是非官方的；从文化形态上讲，它重在实践、较少利用文本并以地方的方言形式传承；从社会力量上讲，它受社会中的多数的支撑并与民间的生活密不可分。

在长期的历史过程中，传统民间的信仰、仪式和象征不仅影响着占中国社会大多数的一般民众的思维方式、生产实践、社会关系和政治行为，还与上层建筑和象征体系的构造形成微妙的冲突和互补关系。因而，我们对民间的信仰、仪式和象征的研究了解，不仅可以提供一个考察中国社

A20

和的智慧——广东宗教文化行·民间信仰

观察

当传统信仰遇上现代社会

岭南民间信仰“众神和谐”

岭南民间信仰大多与“水”有关

中山大学非物质文化遗产研究中心刘晓春教授

“民间信仰是种文化，不是迷信”

岭南传统社会的“NGO组织”

会——文化的基层的角度，而且对于理解中国社会——文化全貌有重要的意义。

在岭南这片地域特色鲜明的广袤大地上，自古海事活动十分活跃，海洋生存环境的风云变化使得民众迫切需要寻求护佑的神灵，获得精神上的寄托和内心的安定，岭南民间信仰也由此被打上了独特的沿海烙印，并且在维系族群认同、地方认同等方面有着不可小视的作用，亦是岭南文化的重要组成部分。

起而径行

QIER JINGXING

记者手记

岭南民间信仰“众神和谐”

一直以来，中国就是一个多神崇拜的国家，从帝王将相到平民百姓，信奉着多种多样的神灵。这些神灵，除了部分脱胎于几大宗教之外，更多的是土生土长、为中华独有的民间信仰。

在岭南这片地域特色鲜明的广袤大地上，自古海事活动十分活跃，海洋生存环境的风云变化使得民众迫切需要寻求护佑的神灵，获得精神上的寄托和内心的安定，岭南民间信仰也由此被打上了独特的沿海烙印，且渗透到老百姓的日常生活，其倡导的爱国爱乡、维系族群认同、地方认同、善待自然等精神价值，都是与当今社会发展相适应的观念。民间信仰也成为岭南文化的重要组成部分。

人总是在不断寻找精神的寄托，运用各种民俗形式表达愿望和需求。那些牵系着美丽传说的民间信仰，就像璀璨的容器，容纳了期盼、夙愿、祝福、欣喜、愉悦与酸楚。

岭南民间信仰大多与“水”有关

由于地缘因素的影响，以及族属之间的差异，在很长一段时间里，岭南的民间信仰保留了较为鲜明的地域特色。

广东自古海事活动十分活跃，海洋生存环境的风云变化使得民众迫切需要寻求护佑的神灵，获得精神上的寄托和内心的安定。

在有关妈祖的传说中，她是一位慈悲为怀、救苦救难的海上女神，她成了历代船工、海员、旅客、商人和渔民的精神寄托和保护神，得到了民众的敬仰和祭拜。在南宋时期，妈祖信仰已在海事活动最活跃的福建、广东和浙江等沿海各省传播。

“肇迹于隋，灵显于唐，受封于宋”的三山国王信仰同样拥有广泛的信徒。

1994年，德国汉学家傅吾康教授等曾到实地考察，他提出，三山国王信仰的起源当与中原王朝统治势力进入本地之前古越人的山神崇拜有关。

明清以来，随着粤东移民足迹所及，三山国王的香火被带往邻近省市，另筑宫庙奉

祀，甚至漂洋过海，远播海内外。人们把三山神作为化育子孙后代和弘扬民族精神的榜样来敬奉。其千百年来贯穿及弘扬的文化内涵就是“护国庇民”、“国泰民安”。

佛山祖庙的修建，也是源于佛山当时的水乡环境。数百年来，三水一带传唱：“南雄洒湿石，清远大三尺，三水佬拉屐。”意即南雄地区洒点小雨，到了三水已水涨田淹，逃难都来不及了。这毫不夸张，上世纪惨烈的“乙卯水灾”，至今让人谈虎色变。于是，北帝以真武水神之身出现在三水芦苞胥江河畔。后来由于佛山冶铁业的发展，为防止火灾，人们也把北帝当作防火神崇拜。

这些民间信仰，没有完备的义理系统和高远的精神追求，表现为用香火和祭品换取现世的实利——求财、求官、求平安、求子、求寿、求婚姻顺利等，凡是现实中遭遇到的困难和不幸，都可以通过许愿的形式，向神乞求庇佑。

费孝通先生解释中国人的信仰特征时说：“我们对鬼神也很实际，供奉它们为的是风调雨顺，为的是免灾逃祸。我们的祭祀很有点像请客、疏通、贿赂。”

这也正是民间信仰与其他宗教的不同——没有系统性、排他性，但讲求“灵验”，“现世感”很强。生病了，找药师佛；要考大学了，去找文昌帝君；想生儿子了，就拜“金花夫人”或者“送子观音”。明白了这一点，就不难理解岭南地区乃至整个中华普遍呈现的“众神和谐”现象。

岭南传统社会的“NGO组织”

民间信仰最深的文化内涵是孕于其所崇奉神灵的人格魅力中的，换言之，其文化内涵首先是从道德人格层面上为人所理解的。在千百年的嬗变过程中，信众不断丰富着神祇的完美道德品质。

在妈祖的身上，忠义孝悌、救民疾苦、扶危济困、乐善好施、见义勇为、无私利他，这些情操形成一股巨大的精神力量。妈祖先是被沿海人民尊为“通灵神女”，后接受历代朝廷的多次褒封，封号从“夫人”渐次升格为“妃”、“圣妃”、“天妃”、“天后”直至“天上圣母”。认同了妈祖，就认同了妈祖所代表的真善美价值观和道德观。

大峰祖师扶危济困、施医赠药、恤死救伤、慈善为怀、济世利人的精神影响至今，促成了潮人建设家乡、救助困苦的“大峰情结”。

老百姓敬龙母为

神，又亲切地称她为“阿嬷”，把拜龙母称为“探阿嬷”。龙母代表一种温柔的力量，引导人们向善、向美。从这个角度看，龙母文化其实也是一种母亲的文化，拜龙母其实是寻找一种认祖归宗的情怀。

随着时代的变迁，一些庙宇宗祠的功能得到了延展。以佛山祖庙为例，明代设嘉会堂教育子弟，清代的大魁堂还利用学费收入创办了多所义学。这种重教传统曾使佛山“衣冠文物之盛几甲全粤”。

宋元以来，从中原南迁到佛山一带的人都是聚族而居，宗族之间容易产生矛盾。为了协调各宗族的关系，就在祖庙成立了专门的“庙议”机构，管理乡事，这是祖庙作为一个民间议事机构的开始，一直到清代，它都是行使神权、族权、政权的重要场所。

如今，祖庙（大魁堂）作为配合处理社区事务、主持慈善公益活动、协调民间纠纷的机构职能已经深入人心，与佛山居民的日常生活密切相连，成为佛山社区整合的精神维系。

观察：当传统信仰遇上现代社会

一些庙宇宗祠的某些文化精神并没有与时代脱节。比如，佛山祖庙崇拜仪式中的乡饮酒礼，凡70岁以上的人都可参加，有敬老的含义在内；比如，捐资助学、疏通河涌，兴办义仓赈济灾民；再比如，每一次的祖庙修缮都是乡人捐资完成。这些与现代社会并没有冲突，相反，应该值得被倡导。

在拜祭的一连串过程中，人们虔心吐露内心隐秘的愿望，获得希望，并在希望中找到解围之道；四方信众发善心、行善举，汇成民间不可忽视的公益河流；而在这种互动中，民俗文化得到共鸣与认同，或原地生根，或漂洋过海，这是一部民间史诗，承载了中华民族的共同记忆。

民间信仰承袭了原始信仰“万物有灵”的朴素自然观，承载了儒释道“天人合一”的生态文化观。在我国传统的民间信仰意识中，人是自然界中的一分子，只有与自然界融为一体，遵循“独立而不改，周行而不殆”的自然法则，才可以天长地久，国泰民安。这种生态文化观及其价值取向，从不同层面规约和控制着广大民众的文化心理、行为方式和生活习俗。

敬畏、顺应、尊重、爱护自然，在我国传统民间信仰的价值体系中一直都居于中心地位。一些地区将山林、水塘视为“神山”、“神水”，严禁砍伐和污染；忌捕杀怀胎、带仔的母兽及幼兽，每次围猎之后，都要放生一批；将青蛙、蟾蜍视为“护谷神”，等等。

一方水土抚育一方文化，一方文化滋养一方生态。这些传统民间信仰虽然不系统、未定型，有很强的功利性，但也在客观上起到了调节人与自然之间关系的作用，有利于人类与自然的和谐共处。

当然，民间信仰文化中也存在着一些不合理的甚至需要坚决抵制的消极因素，这需要我们在进一步的挖掘和梳理时仔细区分，让民间信仰文化在生态文明建设中发挥积极作用。

民间信仰是种文化，不是迷信

——对话中山大学非物质文化遗产研究中心刘晓春教授

岭南民间信仰源远流长。经过千百年发展，广东民间信仰表现出什么特点？在当代社会又该以什么态度看待民间信仰的发展？中山大学非物质文化遗产研究中心刘晓春教授认为，广东民间信仰有着丰富的历史文化内涵，是在社会发展过程中民众创造的文化，不能简单地以“迷信”定义之。

记者：广东民间信仰在整体上呈现出什么特点？

刘晓春：广东地处岭南，海岸线漫长，古代是百越民族的聚居地，中外文化交流历史悠久。总体来看，广东民间信仰的崇拜对象复杂，大凡天地山川、日月星辰、动植物以及人类祖先，人们都可以赋予其神奇力量，使之成为崇拜的对象。民间信仰历史文化的内涵也十分丰富，融汇了百越文化、中原文化、海洋文化、外来文化的因素。广府、客家、潮汕以及少数民族等族群复杂多样，相互交融。古代百越族群与秦汉以来的中原、北方的移民在文化上相互融合，反映在民间信仰上也是这样。

以三山国王崇拜为例，相传三山祖庙肇迹于隋、灵显于唐、受封于宋，隋朝三位神人托灵于揭西的巾山、明山、独山之间的界石。三山国王首先由古代粤东土著居民创造出来，但后来成为粤东地区客家人和潮汕人的守护神，是自然崇拜和圣贤崇拜相结合的产物，体现了不同族群的融合。另外，广州的南海神庙既是祭祀南海神祝融的场所，也是见证中国古代海上贸易交通的重要史迹，体现了中外文化的交流。

记者：民间信仰与几大宗教之间有什么联系？

刘晓春：民间信仰与儒、释、道的关系复杂。道教的许多神灵，如关羽、城隍神、泰山神等原本就是民间信仰的神灵。在客家地区，道士还被人们称为“觋公”、“觋婆”。他们的角色与职能，与民间信仰中的巫师没有多大差别。在寺庙里，经常会看到佛、道的神灵与民间信仰的俗神放在一起祀奉，佛教的观音信仰，不再纯粹是佛教菩萨的信仰，也成为民间信仰的一个部分。

记者：民间信仰的表现形式又有哪些？

刘晓春：民间信仰的表现形式多种多样，既有历史悠久、信仰成分浓厚的各种神明崇拜，也有表现民众趋吉避凶、寄托美好生活愿望的民俗心理。在广东地区，民间信仰影响到人的整个生命历程，也渗透到老百姓的日常生活，大到婚礼、葬礼等人生礼仪，小到节日活动中图个“好意头”的各种民俗事项，如过年买年橘是“大吉大利”，做煎堆意味着“金银满屋”，重阳登白云山是“登高转运”等等。

记者：民间信仰在历史发展进程中产生了什么积极的作用？

刘晓春：民间信仰是在长期的社会发展过程中民众创造的文化，它是与一定时代的生产力，以及人们对自然、宇宙、人类自身的理解水平相适应的一种文化现象。在特定的历史发展时期，民间信仰是为了满足人们生存和发展需要，特别是求得内心的安全而创造和传承的文化。在一个地方具有强大影响的神明，甚至还能够起到整合地方社会、凝聚不同社会群体情感认同的作用，如佛山祖庙、德庆龙母庙，还有各地普遍存在的妈祖信仰，都曾经在历史上为地方的社会、经济、文化发展产生过积极作用。

此外，在当代社会，民间信仰越来越表现出俗信化的趋势，鬼神观念日趋淡薄，信仰方式不断简化，这同样是与社会历史文化发展相适应的一种表现。

记者：在当今社会，我们应该怎样正确认识民间信仰的意义？

刘晓春：很多人误解了民间信仰的真实意义，其实，民间信仰是文化，而不是迷信。我们对民间信仰的发展应该采取宽容对待、发现价值、积极引导、优化功能的态度。民间信仰也有其现代价值可发掘，如爱国爱乡、维系族群认同、地方认同、善待自然等精神价值，都是与当今社会发展相适应的观念。引导民间信仰从关注个人心理诉求向凝聚社会力量、发挥社会公共功能转变，优化它的社会功能，使其成为建构现代公共文化生活的重要资源，这样做不是很有意义吗？

妈祖：大海无情，神女有心

每年农历三月二十三日妈祖生日，到福建湄洲岛祭祀妈祖海神的景象真是人山人海，全岛香火缭绕，水泄不通。湄洲岛渔民有习俗，每逢三月二十三日的前后数日内，为了表示对妈祖的尊敬绝不下海捕鱼或垂钓。

常常有人疑惑，为什么西方的海神波塞冬是个手持三叉戟的壮年男子，而中国人却选择女神为海神？研究中国民俗的专家认为，中国人一直认为世界是天地阴阳二元合一的，大陆为阳，海水为阴；大地的主宰是具有阳刚之美的雄健的男性神，而海洋之神就应是具有阴柔之美的温和女性——妈祖。

拥有全球庙宇5000座、信众2亿人，妈祖信仰的传播广度和影响深度非常大，妈祖信仰发源于福建莆田湄洲岛，历经了1000多年。

相传生于宋朝的妈祖，原名林默，出生到满月不会啼哭，故取名“默”。据史料记载，妈祖“能预知人祸福”。妈祖除了“孝”名远扬，在其短暂的生命中，更是热心扶危济困、救助海难、治病救灾等善行为乡邻感念，甚至相传其逝世后仍经常显灵护佑过往船只，救助海难，被渔民视为航海保护神。

从宋元到明清，妈祖多次被统治者褒封，称号节节升级，

从夫人、天妃、天后，直到被尊为“天上圣母”。妈祖，既是一个普通的海边民女，又是法力无边的女神；既是一个鲜活生动的少女形象，又是一个饱含祈求出海平安寓意的抽象符号。

现在，妈祖已不单单只是一种民间信仰，还是中国海洋文化的缩影。“妈祖文化节”、“妈祖文化旅游节”、“妈祖文化学术研讨会”等纪念妈祖，恢复、整理、讨论妈祖文化的活动方兴未艾，规模越来越大。

现今，单在粤东汕尾地区长仅百余华里的沿海地带，就有近百座妈祖庙。在这些妈祖庙内，不止是供奉妈祖一位神祇，还要供“海龙王”、“开山大伯”、“观音”等民间神仰。这也算是妈祖文化在粤东的特别之处。

如今，妈祖在港澳台和海外都有很大的影响，单台湾自大陆分香的妈祖宫庙就超过2000座，信众多达1600多万人，占台湾人口的三分之二。而从闽粤移居海外的华侨们又将妈祖信仰传播到各国。起初这些华侨经济力量薄弱，只能盖简单的“亚答屋”供奉妈祖。随着财富的积累，他们感戴妈祖的庇佑，于是建起了座座巍峨壮观的妈祖庙宇。

三山国王：承载粤台两岸深厚缘分

位于揭西县城西南3公里处的玉峰东北麓，有一座三山国王祖庙。祖庙后倚青山，前临榕江南河，山青水碧，青松翠绿，风景如画。每当农历2月25日，揭西乡镇就会像过节一般沸腾起来，这一天是民间神祇“三山国王”的生日，俗称“国王生”。天色未亮，村民早已梳洗完毕，待日头升起，备齐祭祀物品，向当地三山国王庙宇涌去，进行一年之中对三山国王最隆重的祭拜。

有趣的是，在潮汕各地，“三山国王”还扮演“地头爷”的角色，村民有儿女新生或亲人病故，都进庙向国王禀报，就好比现代社会登记或注销户口。

“三山国王”得名于揭西县河婆镇耸立的三座大山：独山、明山和巾山。隋初，三座大山出现神迹，当地人便在巾山之麓建庙奉祀此三山之神，“三位神人镇三山”的说法由此传开。到了唐朝，三山神成为当地山神，潮汕人对三山神普遍顶礼膜拜，每年都要定期祭祀三山神，祈祷神灵禳灾纳福。

到了北宋宋太宗征太原时，在城下见金甲神三人，操戈驶马，冲锋在前；宋军凯旋后，观三金甲神在城上，有人以潮州三山神奏告太宗，宋太宗遂“诏封明山为清化盛德报国王、巾山为助政明肃宁国王、独山为惠威宏应丰国王”，自此三山神便被统

称为“三山国王”；到了仁宗年间，“三山国王”经皇封，再提升为国家神。

明清以后，三山国王的香火随粤东移民被带往邻近省市，后又漂洋过海，传到台湾及东南亚各地。早期粤民移居台湾，面临着天气恶劣、工具简陋等重重困难，为了战胜风浪、成功渡台，渡海的粤民带上故乡三山国王神的香火作为“护身符”。后来，粤民在台湾扎根并建神庙奉祀三山国王。

2009年10月份，南方日报记者有幸随广东三山国王祖庙会香祈福交流团赴台湾开展祈福活动，受到台湾三山国王宫庙联合会及各界人士热情欢迎。三山国王祖庙神尊绕境会香途经台湾屏东、嘉义、彰化、丰原、宜兰等五地乡镇市，祖銮驾所经之处，香案设立，民众敬备鲜花素果，奉香接驾。如今，三山国王承载了粤台两岸深不可分的缘分，成为粤民渡台垦荒、生存发展的历史印记。

为进一步加强两岸的交流，广东揭阳拟投资5亿元人民币兴建三山国王祖庙，花5到10年时间把祖庙建设成集宗教、旅游、休闲于一体的世界级旅游胜地。

冼太夫人：巾帼英雄第一人

广东茂名电白电城镇北7.5公里处有个山兜丁村，村南有座娘娘庙，为当地冼氏的宗祠。在娘娘庙后约50米处有座冼夫人古墓，位于一片宽阔平地上，周围有土墙遗迹，边长92米，总面积约8500平方米，其规模之大、文物遗存之丰富，都十分罕见。墓区保存有一块清代嘉庆年间建立的墓碑，上有“隋谯国夫人冼氏墓”等字样。

冼太夫人出生于南北朝时期梁朝古高凉郡的一俚人大首领家庭，与高凉郡太守冯宝结婚后协理政务，着手对俚人社会进行改造，推行国家政令，并建立了陈朝。冼太夫人丈夫病逝后，岭南大乱，冼太夫人召集首领，一面发兵保护地方，一面配合朝廷大将章昭达平定了叛乱，保障了岭南地区的安定。隋朝建立时，冼太夫人的势力已遍及粤、湘、赣南、桂、琼直至越南全境。隋文帝杨坚想和平统一中国南疆，遣使岭南。冼夫人以全中国大统一为重，义无反顾归顺了隋朝，结束了东晋以来270多年的分裂局面。之后，冼太夫人多次戴盔披甲骑巡十余州，收拾余乱，安定民心。

590年隋朝番禺将领王仲宣造反，年届古稀的冼太夫人又再出兵平定番禺王叛乱，后护卫隋朝派员巡抚诸州，各地首领都来拜谒和受爵，岭南地区从此完全得到了安定。隋文帝对冼太夫人大为赞叹，为表其功，册封为“谯国夫人”。公元602年，冼太夫人阅尽三朝，以80高龄逝于海南，按俚人女死回葬娘家的习俗，运回故乡葬于电白山兜之原。

后人为了纪念冼太夫人功绩，在两广的高、雷、化、钦、廉等州县建造了很多庙宇，其中粤西茂名、电白等地一县就有冼庙一二十处。庙内冼太夫人的雕像气势不减：身披盔甲、跃上骏马、手持利剑、英姿飒爽。不少信奉冼太夫人的民众，到冼庙总是不忘带上自己的子女，一起亲自摸摸冼太夫人及其坐骑的雕塑，希望可以沾点“仙气”，护佑平安。1400多年的风雨尘埃，没有湮没冼夫人的光华，她至今仍生动地“活”在当地人的心中。每年冼夫人诞辰和忌辰期间，当地善男信女都汇聚娘娘庙，举行“冼太夫人回娘家”纪念活动。粤西的后人对她的墓地及各种相关遗迹都自觉保护，并自发组织各种祭祀、纪念和庆祝活动。这一切，形成了一种浓郁、独特的冼夫人民俗文化。

北帝：北方水神佑南粤

“廿七铺奉此为祖，亿万年唯我独尊”，悬挂于佛山祖庙三门外的这副木对联，恰如其分地概括了北帝在珠三角地区民间信仰中“唯我独尊”的崇高地位。作为广东最古老的北帝庙，佛山祖庙是珠三角北帝祭祀的中心圣地。

北帝，全称北方真武玄天上帝。传说中，北帝是太上老君第八十二次变化之身，由善胜皇后梦中吞日，猛醒怀孕，怀胎14个月，才生下北帝。北帝长大后离家入武当山修道42年，最终功成果满，白日升天，被封为太玄，威震北方。

位于南粤之地的佛山，为什么会崇拜守北方的民间神祇呢？原来，珠三角一带自古为水泽之乡，水患频发，而北方属“水”，北帝为“司水之神”，专门管理水务。老百姓为了防患水灾，对北帝顶礼膜拜，保佑平安。

另有说法则认为，古时民众相信北方五行属水，那时候佛山是岭南著名的冶铁中心，民以铸造为业，要防火，北帝司水，水又能灭火。如此一来，百姓认为祭拜北帝既能防涝又能防火，自然将北帝奉为主神献祭。宋代以后，珠三角一带便兴建了许多北帝庙，广州西关、河南、下塘等地亦有分布。到了明清，北帝崇拜登峰造极。作为广东最早的北帝庙，佛山祖庙成为珠三角一带的民间信仰中心和祭祀圣地，1996年被国务院公布为第四批全国重点文物保护单位。

每年农历三月初三的北帝诞，是祖庙一年中最隆重的日子，“行祖庙、拜北帝”更是佛山延续至今最为隆重的民间风俗。临近北帝诞，佛山祖庙门前摆花山、放大爆竹、演戏酬神、抢花炮，十分热闹。乡民自子夜起，纷纷进入祖庙参拜，列队从北帝像前走过，每每多达数万人之众。

到了初三上午开始，便要抬北帝神像出游，各街坊张灯结彩迎驾，至各行宫稍事休息。四日在村委会真堂更衣；然后回宫，由仪仗队接回祖庙。昔日“鼓吹数十步，喧腾十余里”的庙会盛况在千年后的今天依然年年上演。

这些隆重的民间节日，黄飞鸿当年一定也参加过吧！

龙母出龙国　本为济苍生

沿着缓缓的西江碧水而上，有一座香火鼎盛延续千年的古庙——龙母祖庙。她坐落在肇庆德庆县悦城镇三江水口汇流之处，背靠金鸡岭，左有青旗山、右有黄旗山，两峰相护，整个建筑群与周围的山水和谐相契，浑然一体。德庆龙母庙与广州陈家祠、佛山祖庙并称岭南古建筑的“三瑰宝”。

古代南方中国人素有崇拜“龙”的习惯：农历正月舞龙，二月杀猪祭龙，五月赛龙。龙母的出现，与中国人敬“龙”爱“龙”的情结分不开。龙母一称，得名于其豢养五条小龙的传说。

根据历史文献记载：龙母出生于战国时期楚怀王末年广西梧州，葬于今广东悦城。龙母原是战国秦时的劳动妇女，为人善良淳朴，勤劳勇敢，胸怀利泽天下宏愿，为民排忧解难，除恶扬善，因而受到人们的尊敬和爱戴。

自唐宋之后，历代皇朝都给龙母以封号，兴建和修缮庙宇来祭她，以求“保障五谷，步步丰登，万民安泰，保我玉京。”

在各地龙母的祠堂里，一般都设有龙床和梳妆台，充满了生活气息。老百姓既敬她为神，又亲切地称她为“阿嬷”，把拜龙母称为“探阿嬷”。

从这个角度看，龙母文化其实也是一种母亲的文化，对每个人来说都是亲切的，拜龙母其实是寻找一种认祖归宗的情怀。龙母代表一种温柔的力量，引导人们向善、向美。

而今，产生于珠江流域西江上下游以及远播我国东南沿海、东南亚一带的龙母崇拜，产生的大量诗词、楹联、传说、戏曲，由龙母崇拜产生的一些独特古建筑古坛、民风民俗，由龙母崇拜促进和发展的文物旅游，一同构成了龙母文化。

从每年五月初二起(每月初一、十五为约定俗成的拜神口)，肇庆德庆各乡镇便开展跑旱龙、划龙舟等娱神竞技活动。到五月初八，祭祀活动达到高潮。有古人曾这样描述祭祀盛况：“花舫楼船，填江塞岸，夜间灯火烛天，水光十里。”

大峰祖师：播下潮汕慈善事业的种子

在潮汕提起大峰祖师，可谓无人不晓；而在东南亚善会、善堂里，大峰祖师同样美名远扬。潮汕慈善事业之所以能在大洋彼岸茁壮成长、蔚然成荫，很大程度上肇因于大峰祖师千年以前在粤东土地上播下了一颗慈善的种子。

据民间传说，大峰祖师俗姓林，名灵噩，字通叟，北宋年间出生于浙江温州的豪门，后中进士，在绍兴任县令数载，因看不惯朝廷腐败弃官为僧，法号大峰。

大峰祖师81岁高龄时云游到广东省潮阳县，听闻当地练江水流湍急，阻隔两岸民众通行，经常有覆舟溺死乡民的事情发生，遂发愿修建“和平桥”，方便乡民往来。按照原计划，“和平桥”为十八孔桥，然而当建成十六孔时，大峰祖师却因操劳过度圆寂。

那时候，像大峰祖师这样，广泛参与大型公共建筑的设计建造的僧侣并不少见，甚至还涌现出一批著名的桥梁、建筑专家，如释怀丙、喻浩。在我国南方，仍能在许多古老桥梁上看到以神僧为保护神的历史印迹。

大峰祖师是以其济世情怀深为后人景仰。

潮汕是大峰祖师信仰的发源地，也是大峰开启的潮汕慈善传统的初始地。潮汕第一座善堂——报德堂即是后人为报答大峰建桥公德而造的。如今，潮汕地区仍有许多善会善堂等民间慈善团体，以大峰祖师信仰为号召，团结善信。

这一大峰祖师信仰与其所内含的慈善情怀，不仅泽被了粤东大地，更随着华侨足迹远扬至东南亚，影响了泰国。泰国是潮人在东南亚以“大峰”精神发展慈善事业最为发达的国家，著名的有泰国华侨报德善堂、泰国进觉善堂，旨在帮助海外乡亲和居住国民众解除各种灾难。当地居民感慨，泰国哪个地方有灾情，哪里就有报德善堂的救火车、拯救车。

坐而討本

ZUOER TAOBEN

学者论道

民间信仰·人性本真与和谐社会

——从广东的水神谈到民间信仰的深层意蕴，兼论和谐社会的构建

叶春生　中山大学民俗研究中心教授

“广为水国”（屈大均语）。珠江三角洲一带，水网交错，江河湖海连成一片，海岸线长达4300多公里，人们无日不与水打交道，生产生活，交通运输都离不开水，加上广东水域怪异多端，变幻无常，有些神秘现象至今科学还不能解释，似有一种超人的力量在控制着，于是对水神、海神的信仰特别普遍，除天后妈祖外，火神祝融来到广东也变成了水神，武将伏波将军来到广东，也兼司水职；族神龙母，是广西来的，现是广东本土影响最大的水神。还有龙王爷、洪圣大王、安济圣王、水仙尊王等等一大批，这些都是应广东水乡民众心理的需求而产生的。因为过去水患频繁，急需众多的水神分而治之，如天后妈祖主管海事，龙母主管内河;在地域上，她又主管粤西，特别是西江流域，安济圣王主管粤东，特别是韩江流域。

这些现象，正好反映了广东人讲求实际，善变通融的心理，也是广东民间信仰的一个特点。有人说广东人迷信，见到什么神都拜。其实不是的。广东人善于变通，任何一种信仰都是有功利性的。火神之变为水神，因为“火之本在水，水足于中，而后火生于外。火非水无以为命，水非火无以为性”（《广东新语》卷六“南海之帝”条）。南方水患多，急需水神救治，火神也得分身变脸，兼职求生。而广东人祀赤帝祝融，亦祀北帝玄武，因为他们认为南溟之水

生于北极，北极为源而南溟为委。治水当源委并重，所以接受了北帝南来作水神。这拜拜的辨法也反映了粤人的变通精神。

如今广东最显赫的水神当数龙母。每年春秋二诞，信众几十万人前来叩贺，平常香火不绝，每年的经济收入占其所在县的60%。民众笃信其有功于国，有德于民，慈悲善良，助人为乐，消灾解困，乡民但有三灾六难，都祈求于她。她所豢养的五龙子，也成为孝顺忠义的楷模。其实所宣扬的就是中华民族的美德。把它变成群众能接受的一种信仰，佛也好，道也好，积德行善，孝敬长老，爱国爱乡，和睦相助，恭谦礼让，一好百好。民间信仰是老百姓在长期的社会生活中积淀下来的观念形态，以及为维系这种观念所形成的仪式，有的在传承中已经铸成一种集体无意识的行为，它可以调和各种人的心理，把各阶层的人凝聚到一起，在共同的仪式中淡化自己，虔诚地表达某种诉求，以一种平衡的心态和周围的朋友共行礼仪，这本身就是一种沟通，对营造一个和谐的社会环境无疑是一杯上好的“甘和茶”（广东凉茶之一）。人气和顺，大家齐心协力奔小康，经济高速增长，那是构建和谐社会的物质基础，加上精神信念的认同，安康富足的文明社会便可预期。民间信仰的凝聚力真不可低估。

近些年来，关于岭南文化的研究已引起了人们的相当重视，省里有岭南文化院，珠江文化研究会，华师大有岭南文化研究中心，华工大有客家文化研究所，我们中大也有个民俗研究中心，大家都在研究，都有小少成果，对岭南文化的特点，及其与中原文化的关系，西洋文化的影响等等，都作了深入的探讨，近期关于客家文化、潮汕文化、香山文化的讨论，更加拓展了人们的思路，提出了不少新的概念和课题。但我们以往的研究，多着眼于有形文化方面，即看得见、摸得着的东西。最近，随着非物质文化遗产抢救、保护的深入，人们已意识到，我们在这方面下地功夫还很不够。单就联合国教科文组织《公约》概括的第四项内容“关于自然界和宇宙的知识和实践”，就有许多模糊的阐述，有人说它包括“天象、农耕、田猎、游牧、航海、历算、风水、强身、祖先崇拜及民间礼仪”等，也有人认的它还包括“中医、针灸、气功、星相、灵异、巫术、征兆、物候、遥感”等以及宇宙的一切不解之谜。的确，自然界的许多现象，用西方自然科实证主义的方法是无法解释的，一道“斯诺命题”：“你是谁，你从哪里来，又到哪里去？”就把人们问住了，特别是精神层面的心意现象独特民族心理，民俗信仰等，都没有解决。广州人上元节拜三元宫，正月廿六观音开库，五月龙母诞，重阳节白云山登高，十几万人连夜上山，在山上露宿，这和传统的白云诞(农历七月廿四）郑仙翁飞升有关。试想，如果没此故实，任何部门发个通知叫市民半夜到白云山上开会，恐怕不会有这个场面。那完全是个信念，一种精神的力量在召唤。

一、对岭南传统文化资源的再认识——民间信仰的力量不可低估

过去不少人都认为，广东人特别迷信，见到神就拜，村头路旁的一棵大榕树、两块砖头也当神来拜。凤凰台王鲁湘说，这是广东人文的一个缺点。我跟他说：这不是缺点，而是个特点。任何信仰都是有功利性的，佛教经过六祖的改革，世俗化了、平民化了，所以它的信众那么多。广东民间信仰驳杂，自然神、宗族神、外来神都有，这与广东的人群结构相关。广东人大部分来自中原，后又幅射到世界各地，他们带来南北、中西各地的风俗，也带了他们的信仰和神灵。不管什么人，只要他为民众做了好事，广东人都会把他当作神来拜，南海太守鲍靓，为官清廉，人们至今还纪念他，三元宫就是他的书院，他的女儿鲍姑还供在殿里，他是山西上党人：他的女婿葛洪，是浙江丹溪人，现罗浮山还有他的食庙;白云山上还有个郑仙——郑安期，他是山东琅玡人，在白云山周边行医济世，广东人也把他当神来拜;南海神庙里还贡着一位达奚司空，一说是波斯人，一说是印度人，广东人把他称为波罗神，还有许许多多的龙山、龙神，雷州半岛还有雷神信仰，石狗信仰，梅州地区的三山国王，潮汕地区的妈祖信仰等，都很火暴，简单地斥之为“封建迷信”自然不能服众，每一个信众都有其心理的诉求和寄托，特定的仪式为他们提供了一个共有的空间，沟通了这些心灵的相互理解和支持，把散乱的目标串成一气，就形成了一股无

形的力量。

岭南地区开发较晚，保留了许多古老的传统和绝活，现实生活中仍有许多不解之谜，以今天自然科学实证的手段，还无法解释，如广府地区的“问米”、“查家宅”，客家地区的“伏仙姑”、“菜篮神”，粤西地区“去阴阳街”、“放蛊”，雷州半岛的“穿令”等。前几年社会上刮过一阵“扶乱”风，主流意识认为是“沉渣泛起”，强令制止了。其实这一事象上世纪就有人研究过，许地山先生还出过一本专著《扶乩研究》。沉渣为何这么容易泛起，我们的研究没有解决问题。去年元宵节，我特地跑到雷州去看“穿令”，在近距离内观看，体验当地的“穿令”风俗，那场面确实是震撼人心，一根手指般粗，一尺多长的银针，从脸颊穿进去，从另边拔出来，不流血，没有一点疤痕。穿刺之时，群众欢声雷动，所到之处，万民顶礼膜拜，路上还看到不少村庄都有这种风俗。我们还与穿令者对话，访问了他的亲属，村中的长老，都认为是“神”在操纵着这一切，因此人们不敢有半点不恭的行为。

二、民俗心理的积淀，不仅只是一种心意现象，几可问鼎未来科学的颠峰

民间信仰有其历史渊源，还有一个传承过程。“广东飘色”在“申遗”中遭到二点质疑，一是儿童保护法的问题，二是安全问题。飘色演员最小的只有十个月，大的也不过五、六岁，被安扎在“色梗”上，拉屎拉尿都在上边，不人道，虐待儿童。为此，我访问了一位专程陪伴孙子来做节目的老爷爷。他说，孩子做过飘色，一生平安，快高快大。解放前，要得到这个角色还是投标呢！其次，关于安全问题，群众反映说，从古到今，从来没听说过出飘色有安全事故的。飘色之巧妙就在一枝色梗上，色梗的锻造工艺是相当考究的，这工艺流程本身就是一项非物质文化遗产。现番禺沙湾、谭山等镇区还保存有一百多年前锻造的色梗。

同样的道理，龙舟赛事中的鼓手，其位置也是相当神圣的，他不但关系到赛事的胜败，还关系到整个村落、宗族年运的兴衰，所以这个位置也是要投标的。游龙活动中还有许多规矩、禁忌，趁景、犒标、礼让白须老龙等，都有讲究，否则出了事故是要受罚的。

雷州“穿令”、“拨火塘”、“咬火犁”等，规程更为严密，都有一套仪式。我们访问过一位职业道公，他说，拨火塘前先礼神，念咒语，往左边踏几步，往右边踏几步，少一步都不行，谁也不敢拿自己性命开玩笑，定要按师傅的吩咐做足功夫；带过火塘的人不能戴孝在身，家中无孕妇，前一天不能行房，当天不能吃牛肉，否则就会惹火上身。我们实地观看了他们的展演，人们跟着他踏着熊熊的炭火鱼贯而过，来回三次，摄像枪、录影机镜头对着，围观的群众眼盯盯的看着，没有半点作弊的可能。事后，我还通过他的一位亲戚找他细问：“你有没有往火炭上撒什么药？”“没有，真的没有！”他还张开嘴让我们看他的牙齿，咬火犁把牙齿都磨平了，那是真功夫！此中奥秘我至今未解，但我想起民间认为乌鸦叫不吉祥的征兆。现科学家已证明，乌鸦的臭觉很灵敏，可闻到千里之外死人的异味和人死前的排泄物的气味，所以乌鸦一来村里就死人了。这不是迷信，是科学。现在自然界还有许多不解之谜，包括我们人类对人体科学的了解，也还不到百分之十，将来随着自然科学的发展，这些谜团也会逐步解开，古代神话中关于千里眼、顺风耳、隐形人的传说，不是为现代科学的雷达、遥感、纳米、液晶技术所代替了吗？难怪人们说，神话不但是宗教的情人，绘画的母亲，也是科学的先导。新的神话将会激励人们去解开科学之谜，霍金关于征服宇宙的猜想或能变成现实。

贺喜著：《亦神亦祖：粤西南信仰构建的社会史》，北京：三联书店，2011.

三、信仰实际是生活经验的积累，是社会发展的心意链

自然界的发展讲究生物链，生物链断了生态就要失衡，人类就要受到惩罚。当前抓环保，保护自然生态，正是为了避免这些祸端，但这只是物质世界的层面，精神世界的心意链如何承接呢？从原始信仰到原始宗教，发展到五大宗教，实际上还有许多教派，他们的信仰，应该说已摈弃了许多矇昧的东西，流存至今的大多是经过历代生活陶冶积淀下来的经验，年深月久转化为习

俗或形成一种信仰，共同信仰就是社会的一条心意链，是构建和谐社会的精神纽带。文革期间，我们许多群众的信仰都被斥之为“封建迷信”，加以禁止、封杀，群众心理受到压抑，社会就不和谐，就动乱，当然那时还有四人帮的倒行逆施等原因，但群众心里不顺是重要的一条。许多传统的风俗被取缔了，什么生菜会，龙母诞，波罗诞，年晚花街，三月三歌圩，都没有了。莲花山歌会也被禁止，民兵拿着枪去把守，依然有30多万群众去赴会。不让拜神，不让烧香，连拜祭祖宗，礼敬先贤都不可以。直到上世纪80年代，还有人强令把西樵山观音像前的香炉搬开，后来群众又把它搬回来了。

民间盖房看风水、举行一些仪式也被视为封建迷信，一些高校欲开风水讲习班遭到封杀，主流媒体更都回避“风水”二字，或美其名曰“科学批风水”，我的讲座也只好改名为“传统建筑民俗的现代演绎”。其实“风水”有什么不好呢？风和水都是自然界的东西，风水好就是自然环境好，天地人和谐共荣，也符合当今环保的理念，所以一些领导也信，他们也请高人去指点迷津，摆布家居；许多大机关、商厦也在斗风水之法，大家心照不宣，但是路人皆知。一些高层领导亦好此道，但不敢正视，许多宝贵的精神遗产就在这瞬间消失了。可能大家都听过湘西赶尸的风俗，目前湘西还有些老人能娓娓道来，但亲眼见过的人已经绝无仅有了。钟敬文先生在世时曾收到过一篇有关“鸡鬼”的文章，一位广西来中大人类学系访学的学者也曾作过一些调查，但由于没有得到现代自然科学的实证，因而未能面世。尽管我们也有一套自己的理论，如阴阳八卦，四柱推命，紫微斗数、九宫飞白、六十甲子纳音等，但都被斥为“伪科学”，既是“伪”，就无“科学”可言，最近又有人改称之为“类科学”。“类”者，似也、像也，也不是科学。我觉得它不必往所谓“科学”的概念靠，那是一种另类的思维和操作方式，是一种心意现象，是玄学，只要给它一个宽松的环境，一个表达诉求的场所，一个可以让参与者和研究者生存的空间就可以了。如果政府再予扶持，调集多学科的力量，从物理、化学、生物学、医学、光学、力学、心理学、天文学、气象学等等方面，进行综合考察研究，必有斩获。日本的“妖怪学”研究就是那么做的。

岭南的神秘民俗事象很多，大都与民间信仰有关，信众面广，牵涉到社会生活的各个方面，政府顺应民意，协调好信仰与民众的关系，这一方面，香港“啬色园”的经验值得我们借鉴，他们把民众对黄大仙信仰的心意，化为一种善举，普济劝善，造福于社会，让信众的精神得以释放，既有利于社会的和谐稳定，又促进了经济的发展，还可消解今天社会浮躁，急功近利的风气，岭南文化研究，是否也可从此开个小口——岭南神秘文化与民族民间信仰，从中突破，以利创新。

叶春生、蒋明智主编：《悦城龙母文化》，哈尔滨：黑龙江人民出版社，2003.

民间信仰的生存空间

刘晓春　中山大学中国非物质文化遗产研究中心教授

民间信仰是否应该具有合法性的生存空间？对于一般民众来说，这是不言自明的。然而，对于知识分子以及社会管理部门而言，却是需要加以论证的。学术史上关于民间信仰的研究汗牛充栋，笔者在有限的篇幅中讨论一个宏大的问题，无疑是徒劳的。笔者只是希望吸取、借鉴前人的研究成果，从历史、社会、文化的视角，为民间信仰的当代生存空间做简单的申述。

从历史角度看，中国的民间信仰是在本土原始宗教崇拜的基础上产生，在长期的历史发展过程中吸收了其它信仰形态自发形成发展，具有一套神灵崇拜观念、神灵崇拜体系、行为习俗、仪式制度和组织方式。民间信仰形成的观念基础，按照现代民俗学、人类学的观点，是万物有灵观，即认为灵魂、生命或者气息可以存在于万事万物之中。职是之故，民间信仰的对象也就非常芜杂，大凡天地万物、神、鬼、祖先等等，无论地位高低，性善性恶，职司大小，都可以成为民间信仰的崇拜对象。以各民族普遍信仰的祖先崇拜为例，既有各民族神话中的创世祖先，也有姓氏宗族的始祖神。围绕这些祖先神，各民族形成了一个个独立、庞大的信仰体系，包括神话传说、祭祀仪式、信仰组织等等，这些信仰体系，随着历史的变迁而传承。在祖先信仰传承发展的过程中，民众既坚守信仰的核心，也随着历史变迁而对传统进行“再发明”。我们可以从一个个祖先崇拜信仰的发展历程中，管窥地方、国家的演变历史，也可以看到祖先信仰与不同社会力量之间的互动关系。从历史的角度，我们有理由认为，民间信仰——无论是已经消失的，或者今天依然具有生命力的——应该是中华民族历史发展演变的一个重要组成部分，在许多少数民族当中，与民间信仰有关的历史，如祖先神的崇拜历史，甚至可以说是该民族历史记忆的全部。正是因为民间信仰构成了地方、民族历史记忆的一个部分，以民间信仰为核心的历史记忆，也就成为了许多地方、民族历史认同的象征。如果我们无视甚至否认民间信仰存在的历史合理性，在某种意义上，对地方乃至民族的历史很可能采取的是一种非历史的态度，将有可能截断地方、民族记忆的历史连续性。

从社会角度看，民间信仰的传承发展总是与不同的社会力量形成复杂的互动关系，这些社会力量有个人、群体之分。对于个人而言，与信奉一神教的信众对于上帝等神的态度不同，人们对于信仰神灵的态度，是基于现实生活的功利需求，其终极目的在于求吉避凶、祈福消灾。对于民间信仰崇拜的各路神灵，中国民间老百姓认为“心诚则灵”、“有求必应”，表现在行动上，则是“逢庙就烧香，见神就磕头”。人们不同的精神与现实需求，就可以从不同的神灵中得到满足。求子，有送子观音；求财，有文、武两路财神；不同行业，有不同行业的保护神；大到地方，有不同的地方神，小到家庭，有灶神；每个民族，都有自己信仰的民族祖先，每个姓氏宗族，都有自己崇拜的姓氏祖先；天地国亲师，可以供奉在一个灵牌之中……可以这样说，民间信仰渗透到中国人日常生活的方方面面，只不过对于不同个人的影响而言，则是他们对于这些神灵的尊崇信仰程度不同而已，有的虔诚信仰，有的拜求讨好，有的则不予理睬。对于群体而言，民间信仰则具有凝聚群体认同、整合地方社会的重要作用。各地具有广泛影响的神明，如佛山的北帝信仰，粤东的三山国王、双忠公信仰，西江流域的龙母信仰，粤西的冼夫人信仰，以及沿海地区广泛存在的妈祖信仰等等，在传统社会，几乎都有一个范围相对明显的信仰圈，当然，现代社会随着人口的大范围流动，民间信仰的影响在不断扩大。上述神明，在传统社会，对于整合地方社会都起到了非常重要的作用，而在现代社会，对于促进地方经济文化发展，培养、凝聚中华民族的认同感，产生了重大影响。因此，改革开放以来，民间信仰进入到一个前所未有的复兴时期，因为对于个人的心灵诉求，民间信仰的神灵依然是祈求的对象，可以满足个人不同的现实需求，而对于地方政府促进经济文化发展，凝聚地域情感认同，在某种意义上，民间信仰的神明被看作是为群体所认同的象征，是可以转换成为具有现代社会价值的文化遗产。

应该如何从文化的角度理解民间信仰呢？文化，按照马凌诺夫斯基的说法，是一套满足人们各种需要的系统。如果我们将民间信仰看做是一种人类创造的文化，那么，民间信仰应该是满足人们不同需求的文化要素之一。不同的个人、不同的群体，有不同的需求，不同的需求会衍生出不同的文化形态，作为文化系统之构成要素的民间信仰，便是人们满足不同需求创造出来的文化。相对于理性的知识体系，民间信仰充满着神秘、功利、世俗甚至虚妄的成分，所以，民间信仰往往被看做是“迷信”、“落后”的，是与现代化进程相悖逆的。如果我们仅仅按照现代性的观念看待民间信仰，那么，广州人过年的“行花街”，佛山人元宵的“行通济”，以及随处可见的求神拜佛，将会失去其存在的合理逻辑，因为它们是“虚妄的”、“迷信的”。但是，如果我们变换一个角度，站在人类学所说的“主位”立场，也就是信仰这些观念、传承这些习俗的芸芸众生的立场来看待民间信仰的时候，我们会发现，大到对于妈祖、北帝、双忠公、三山国王、冼夫人的崇拜，小到讨口彩、追求好意头，都能满足人们不同的现实世俗需要。这些复杂的民间信仰，构成了丰富多样的文化。这些在多样需求中形成的不同层次的民间信仰，在现实社会中，都具有其自身存在的功能、意义和价值。当然，民间信仰的功能、意义和价值，会随着历史的变迁而变迁，民间信仰会不断生成新的意义，会不断满足新的需求，会不断产生新的价值。当代民间信仰的复兴，实际上是随着时代变迁而发生的文化建构，是文化再生成的过程。在当代社会，民间信仰的神秘性逐渐消失，现实功利性占据主导，民间信仰开始成为文化资源，具有了表演与展示的功能，在信仰之外具有了政治、经济、文化的价值。民间信仰在当代社会的变化，说明民众会根据时代的发展，不断修正民间信仰的信仰内涵，使之适应社会的需求，注入生生不息的活力。

郑振满、陈春生主编：《民间信仰与社会空间》，福州：福建人民出版社，2003.

总之，当我们能够站在主位的立场认识、理解民间信仰的时候，民间信仰的功能、意义、价值就能够得到合理的阐发。在一个和谐的社会中，满足人们不同需求的多元的信仰，应该具有其各自生存的空间。只有多元文化的共存，“美美与共”，才能构成一个和谐的社会。

后记

广东宗教文化行系列报道圆满收官之各界回声

弘扬“和”智慧　助推建设和谐社会

A19

和的智慧——广东宗教文化行·和合

广东宗教文化行系列报道圆满收官 广获各界好评

弘扬“和”智慧 助推建设和谐社会

1 以“和”的智慧推动创新实践

2 有底气、底线、底蕴开展宗教报道

3 宗教研究从“隐学”渐成“显学”

4 倡导禅宗六祖文化利益社会人群

5 道家智慧与“绿色亚运”同行

6 在粤生活工作的穆斯林是幸福的

7 期望传媒更多关注报道宗教

8 弘扬天主教优秀文化助建文化强省

盛世和风，喜迎亚运。在广州亚运会开幕前夕，一场以“建设和谐宗教服务广州亚运”为主题的“和的智慧——广东宗教文化行”系列报道研讨会近日在广州举行。

2010年7月，省民族宗教委与南方报业传媒集团联合策划推出了“和的智慧——广东宗教文化行”大型系列报道。南方日报记者分赴全省各地，以岭南著名寺观教堂等为载体，挖掘整理佛教、道教、伊斯兰教、天主教、基督教五大宗教和岭南民间信仰的文化资源与思想智慧，连续六周以每周两个整版的规模进行集中报道，为读者奉上丰盛的文化大餐。另外，南方日报还对9月举行的广东禅宗六祖文化节、11月举行的广东道教文化节这两大宗教文化品牌活动进行精心策划报道，其中“菩提树下的对话——禅与企业人文关怀”活动特色鲜明尤受瞩目。

系列报道反响强烈，取得了良好的社会效应。中共中央政治局委员、省委书记汪洋对挖掘弘扬广东优秀宗教文化的做法表示赞许。副省长雷于蓝出席启动仪式，为采访记者授旗，并发表署名文章，称赞这一大型报道有助于促进宗教和谐、社会和谐，为广东建设文化强省贡献力量。宗教界人士、信教群众好评如潮，广东省伊斯兰教协会还专门到南方日报社送感谢信，表示广大穆斯林将以实际行动为广州亚运会增光添彩。

在研讨会上，省委统战部副部长、省民族宗教委主任陈绿平，南方报业传媒集团总编辑、南方日报总编辑王春芙，以及广东省五大宗教团体负责人和专家代表在会上发言，对“和的智慧——广东宗教文化行”大型系列报道进行总结，对我省弘扬宗教优秀文化以及宗教工作创新实践进行深入探讨。研讨会由省民族宗教委副主任张春生主持。

宗教研究从“险学”渐成“显学”

何方耀　华南农业大学历史系教授

过去一段时期，不少研究宗教的学者曾觉得，宗教是“险学”，比较敏感。但随着时代的发展，人们对宗教的认识越来越深入和客观。现在的宗教研究渐渐朝着“显学”发展。

我们要建设文化强省、建设和谐社会，宗教界人士和信教群众是不可忽视的力量。目前，党和政府的宗教政策，媒体的报道，尤其是广东省民族宗教研究院的建立，让我们看到了这种好的趋势。民族宗教研究院还为宗教之间的对话提供了一个良好的平台，可以增进彼此的了解，消除彼此的误会，达到共建和谐的目的。

倡导禅宗六祖文化利益社会人群

释宏满　释光明　广东省佛教协会常务副会长

在广东建设文化强省、和谐社会之际，“和的智慧——广东宗教文化行”

大型系列报道对广东佛教做了一次特色突出、主题鲜明的报道，使社会各方增进了对广东佛教认识与理解。

佛教讲“因缘和合”，天地间万事万物都是由因与缘和合而成的。广东佛教事业的发展壮大除了我们自身的努力以外，同样离不开各种“缘”。长期以来，党和政府以及包括《南方日报》在内的社会各界都给予了佛教大量的关注和支持。特别是今年7月，广东省委召开十届七次全会，出台了《广东省建设文化强省规划纲要》，其中有三处涉及广东佛教，一是要加强对六祖惠能等岭南历史文化名人的研究，二是要打造好禅宗六祖文化节等群众文化活动品牌，三是加强对禅宗文化等非物质文化遗产的保护，建立文化生态保护区。这充分体现了省委、省政府的关怀和重视。

身为佛子，当行佛事，我们将以《规划纲要》为契机，借助媒体加强宣传，继续大力倡导禅宗六祖文化，发扬六祖爱国爱教的精神，加强寺院建设，积极参与与兴办社会慈善公益事业，利益社会人群，引导广大佛教徒正知正见，爱岗敬业，为服务广东经济社会发展，建设文化强省，构建和谐社会，维护民族团结和世界和平奉献我们的力量。

道家智慧与“绿色亚运”同行

刘嗣传　冯腾飞　广东省道教协会副会长

在广州亚运会即将开幕之际，广东道教界好戏连台，广州市道教城隍庙开光，省道协的道教文化节在秀美的罗浮山举行，抒发广东道教界祈福亚运的心声。而“和的智慧——广东宗教文化行”报道活动，更是主题鲜明、内容丰富、特色浓郁、意义深远，收获颇丰。通过媒体宣传，宗教的和谐智慧得以张扬，传统文化的精髓得以体现。

道家思想蕴藏着极其宝贵的“和谐”思想，潜移默化地影响着中国人的心理和性格。我们要利用道教庙宇宫观这个道教文化的载体，继承道教优秀文化，让道教思想文化，像养生、太极拳健身文化一样，为和谐人生、和谐社会、和谐世界发挥积极作用。道教历来注重生态平衡，跟我们当今提倡绿色亚运、绿色生活的精神完全一致。在我们共庆绿色亚运之时，我们呼吁“和的智慧”与生态文明同行，道家智慧与当代文明同行。

在粤生活工作的穆斯林是幸福的

马光星　广东省伊斯兰教协会会长　张志湘　广东省伊斯兰教协会副会长

2010年8月6日，当广东穆斯林看到《南方日报》用了两大版的篇幅报道广东伊斯兰教悠久的历史文化时，都非常激动。有的还将这份报道剪贴复印，装订珍藏。他们说，作为主流媒体，用这样大的版面报道伊斯兰教文化历史，这是第一次。我们深深感到了对穆斯林的尊重和关爱，感到了党的民族宗教政策的温暖。

生活和工作在广东的穆斯林是幸福的。广东的穆斯林绝大部分是改革开放以后来广东的，他们的工作和生活受到了各级党委和政府的关心照顾。

参加这届亚运会的国家和地区中，不少来自信仰伊斯兰教的国家和地区。省委、省政府，广州市委、市政府投入大量人力、物力、财力，不论是起居饮食，还是宗教生活，都做了无微不至的安排。我们广东的穆斯林也满怀信心，以饱满的热情紧密团结在党和政府的周围，当好东道主，为亚运会的圆满成功贡献一份力量。

弘扬天主教优秀文化助建文化强省

黄炳章　广东省天主教爱国会主席　林国贞　广东省天主教爱国会副主席

“和的智慧—广东宗教文化行”系列报道活动，发掘和弘扬宗教优秀历史文化，使我省天主教的优秀文化和积极因素得到了很好的宣传与发挥，得到了我省天主教广大神长教友的称赞。

弘扬天主教优秀传统文化，广东具有独特优势。天主教传入中国，是经广东进入内地的。被列入对中华文明作出贡献的杰出人物——传教士利玛窦，是在广东肇庆和韶关活动多年后才北上的。传教士们带来的自鸣钟、地球仪和世界地图，为中国开启一扇看西方看世界的窗户。而广州的天主教石室堂、沙面露德堂，台山的上川岛沙勿略•方济各墓园也是全国和省级重点文物保护单位。我省天主教将进一步发掘天主教优秀文化内涵，发扬天主教教义教规中的积极因素和慈善文化精神为社会服务，加强天主教文化交流。

期望传媒更多关注报道宗教

陈顺鹏　广东省基督教三自爱国会主席　黄招萍　广东省基督教协会副总干事

“和的智慧——广东宗教文化行”，史料翔实丰富，品位非常高。通过报道，广大读者可以清楚了解我省五大宗教的历史及现状。这次活动开党报全面、正面、集中、大型报道宗教的先河。中国基督教三自爱国运动委员会主席傅先伟长老得知此事后说，这是开放的广东在宗教方面的一个新举措，全国首创，意义巨大。

这次的大型报道活动已告一段落，我们期望传媒能对我省宗教给予更多的报道，营造一个更加和谐、宽松的环境。我们也将更加努力做好本宗教的各项工作，高举爱国爱教旗帜，继续按照三自爱国原则办好广东教会，创建更多的和谐基督教堂，促进教会内部和谐，积极弘扬基督教优秀文化，为促进经济发展和社会和谐作出积极贡献。

做好宗教报道要有底气、有底线、有底蕴

——关于“和的智慧——广东宗教文化行”大型报道的思考

王春芙　南方报业传媒集团总编辑、南方日报总编辑

由党报对宗教文化进行如此深入报道，在国内还非常罕见。总结这次报道，我们更加确信宗教元素的宣传报道并非天然的“敏感地带”，而是大有可为的。党报要更积极有为地做好宗教与宗教工作报道，关键在于要做到有“三底”——有底气、有底线、有底蕴。

第一，宗教报道要有“底气”，走出认识误区。目前，人类社会面临一系列全球性问题。宗教可以在抚慰人心、扶贫救灾、保护环境、维护民族团结与祖国统一等领域发挥积极作用。发挥宗教的积极因素，建设和谐宗教，是马克思主义宗教观中国化的新探索，也是当前建设和谐社会的题中之义。

岭南宗教文化源远流长。佛教、天主教、基督教等都是率先从广东传入中国。特别是广东先贤六祖惠能创立“顿悟禅门”，最终实现了佛教中国化，使禅宗历史文化成为岭南精神家园中一笔丰厚的遗产。这些本土或外来的

宗教和民间信仰，经历了无数的激荡与磨合，成为岭南思想传统的组成部分，至今仍在深刻影响我们的生活。正是基于这样的思想认识，我们才有“底气”，走进“敏感地带”，发出时代强音。

第二，宗教报道要有“底线”，不失客观立场。所谓有“底线”，就是指对宗教报道要掌握好政策导向，要从讲政治的大局，从党和国家的宗教政策，从广东的社会经济统筹考虑，增强把关和原则意识，增强宗教报道的引导性。

第三，宗教报道要有“底蕴”，做出高端品位。做宗教报道要有底气、有底线，但要真正把报道做好，必须有底蕴。即是要求新闻媒体和采编人员有深厚的人文功底，不断创新报道方式，熟悉宗教政策，增强宗教学识，做出文化品位。

2010年11月11日